ACTIVITIES MANUAL

Ouvertures
Cours intermédiaire de français
Quatrième édition

H. Jay Siskin
Cabrillo College

Thomas T. Field
University of Maryland, Baltimore County

Julie A. Storme
Saint Mary's College (Notre Dame, Indiana)

Prepared by
Mana Derakhshani
Saint Mary's College (Notre Dame, Indiana)

JOHN WILEY & SONS, INC.

Cover Photos: Clockwise from the top - ©MedioImages/Getty Images; Corbis Images; PhotoDisc, Inc./Getty Images; Digital Vision/Age Fotostock America, Inc.

Copyright © 2006 John Wiley & Sons, Inc. All rights reserved. No part of this publication may be reproduced, stored in a retrieval system or transmitted in any form or by any means, electronic, mechanical, photocopying, recording, scanning, or otherwise, except as permitted under Sections 107 or 108 of the 1976 United States Copyright Act, without either the prior written permission of the Publisher, or authorization through payment of the appropriate per-copy fee to the Copyright Clearance Center, Inc., 222 Rosewood Drive, Danvers, MA 01923, (978)750-8400, fax (978)750-4470 or on the web at www.copyright.com. Requests to the Publisher for permission should be addressed to the Permissions Department, John Wiley & Sons, Inc., 111 River Street, Hoboken, NJ 07030-5774, (201)748-6011, fax (201)748-6008, or online at http://www.wiley.com/go/permissions.

To order books or for customer service please, call 1-800-CALL WILEY (225-5945).

ISBN-13 978- 0471-478-65-2

Printed in the United States of America

10 9 8 7

TABLE DES MATIÈRES

Preface vii

Cahier d'exercices 1

Chapitre 1   Au seuil de la culture

L'enfant et la famille 3

Chapitre 2   Passage vers la communication

Perspectives interculturelles 23

Chapitre 3   Accès à la formation de l'esprit

L'enseignement 39

Chapitre 4   Perspectives sur l'exil

L'immigration et l'assimilation 55

Chapitre 5   Révélations audiovisuelles

Les médias et les valeurs 71

Chapitre 6   Comment peut-on être français ?

Clés de l'identité 89

Chapitre 7   Regards sur la societé

La diversité culturelle de la France 105

Chapitre 8   Le travail et les loisirs

Entrées dans le monde du travail 121

Chapitre 9	Perspectives sur le passé	
	L'histoire et la memoire	139
Chapitre 10	L'avenir de la France dans l'Europe	
	Frontières ouvertes	153

Cahier de laboratoire **167**

Chapitre 1	Au seuil de la culture	
	L'enfant et la famille	169
Chapitre 2	Passage vers la communication	
	Perspectives interculturelles	175
Chapitre 3	Accès à la formation de l'esprit	
	L'enseignement	185
Chapitre 4	Perspectives sur l'exil	
	L'immigration et l'assimilation	191
Chapitre 5	Révélations audiovisuelles	
	Les médias et les valeurs	197
Chapitre 6	Comment peut-on être français ?	
	Clés de l'identité	205
Chapitre 7	Regards sur la societé	
	La diversité culturelle de la France	213

Chapitre 8	Le travail et les loisirs	
	Entrées dans le monde du travail	221
Chapitre 9	Perspectives sur le passé	
	L'histoire et la memoire	229
Chapitre 10	L'avenir de la France dans l'Europe	
	Frontières ouvertes	237

Cahier d'exercices *Answer Key* 243

Cahier de laboratoire *Answer Key* 297

PREFACE

The *Student Activities Manual* (Cahier d'exercises et de laboratoire) is an integral part of *Ouvertures*. It provides numerous writing and listening exercises, which correspond in theme and content to the chapters in the textbook. The exercises are contextualized and provide mechanical, meaningful, and communicative practice. As students complete each **Interaction** of the textbook, they should be assigned the corresponding part of the *Student Activities Manual*. Students may self-correct much of their work using the **Answer Key** provided at the end of this text. Instructors should collect the *Student Activities Manual* periodically in order to look over and evaluate those exercises where students are asked to talk about themselves or to express their own point of view.

The *Student Activities Manual* is divided into two parts: writing activities are contained in the *Workbook* and oral activities are found in the *Lab Manual*. The structure of both the *Workbook* and *Lab Manual* is parallel to that of the textbook.

Workbook *(Cahier d'exercices)*

Each chapter begins with a **Mise en train** section that corresponds to the one in the textbook and provides additional preparation for the cultural content of the chapter. This may be assigned to students before instructors begin the chapter or after doing the corresponding section in the textbook. These activities are designed to help students think about the chapter theme as it relates to their own experiences, thus stimulating any background knowledge of that topic. In addition, they serve as a means to minimize student resistance to cultures that are different from their own. For each **Interaction,** a variety of contextualized exercises review materials presented in **Autrement dit, Grammaire de base,** and **Structures.** Finally, each chapter ends with extended guided writing activities in **Journal** and **A Votre tour**.

Lab Manual *(Cahier de laboratoire)*

Each section of the *Lab Manual* begins with a short description of the articulation of a French sound. It is followed by a series of discrimination exercises. This section may be done at any time. Contextualized listening comprehension exercises practice vocabulary taught in **Autrement dit** and grammar taught in **Structures.**

To the Student

By doing the exercises in the *Student Activities Manual* systematically after completing the corresponding sections in *Ouvertures,* you will practice and reinforce material presented in the textbook. Here are some suggestions for using each section of the *Student Activities Manual* effectively.

Workbook

Mise en train

Your instructor may assign this section to you before starting the chapter in class. You may also be asked to complete this exercise after the initial introduction to the theme of each chapter. There are no right or wrong answers to the activities in this section. They are designed to encourage you to reflect on the cultural theme of the chapter. Complete the exercises based on your own experience.

Autrement dit

Before doing this section, look back over the list of vocabulary and expressions in the textbook. Then do the exercises and check your answers where possible. When asked to complete dialogues or give your point of view, be imaginative! Try to put yourself in the situation being described. Pay attention to the meaning and to the details of the context: where are you? to whom are you speaking? what do you need to know/obtain?

Grammaire de base

Before doing this section, review the grammar explanations in your textbook. Then, try to do the exercises without referring back. All of the exercises in **Grammaire de base** may be corrected with the Answer Key. Use these exercises to test yourself and to determine whether or not you need further grammar review.

Structure

Before doing this section, review the grammar explanation in your textbook. Then, try to do the exercises without referring back. Where possible, check your answers in the Answer Key after you have completed the exercises. When you are asked personal questions, express yourself as much as possible using the words and expressions you know.

Journal

This free-writing task, often based on an image, asks students to reflect on and synthesize the cultural theme of the chapter.

A votre tour

This composition assignment concludes each chapter. Topics reframe cultural issues in a creative and open-ended context and provide additional practice with new lexical and structural items. Using a process-writing approach, students brainstorm vocabulary, create plans, and write and revise drafts.

Lab Manual

Prononciation

The listening and pronunciation exercises will help you perceive the differences between French and English sounds, and then ask you to imitate the correct French sound. By performing and reviewing these exercises on a regular basis, you will begin to speak French with an authentic accent.

Autrement dit

Before doing these exercises, review the material presented in the textbook. When you are finished, check your answers in the Answer Key. If you need to go back and listen again.

Structure

Review the material presented in the textbook before beginning. When you have finished, check your answers in the Answer Key. You may want to go back and listen again.

Compréhension auditive

This section consists of authentic, unedited audio texts from France. These texts explore the cultural themes of the chapter in more depth, giving attitudes and insights from different age groups, social milieux, and geographical regions.

The activities in this section correspond to the audio texts recorded in our website at www.wiley.com/college/siskin. The transcript for these audio texts are now included in the Instructor's Resource Manual.

Cahier d'exercices

Nom _____ Classe _____ Date _____

CHAPITRE 1

Au seuil de la culture
L'enfant et la famille

MISE EN TRAIN

Réfléchissez aux leçons que vous avez apprises dans votre enfance. Dans la liste ci-dessous, cochez (check) les valeurs qui étaient particulièrement soulignées par les adultes dans votre entourage, puis indiquez comment ces valeurs étaient mises en évidence (par l'encouragement, la punition, la compétition, l'imitation, etc.).

Valeurs	Méthodes
l'indépendance _____	_____
la discipline _____	_____
l'originalité _____	_____
la liberté _____	_____
la précision _____	_____
la réussite _____	_____
la courtoisie _____	_____

Comment ces valeurs ont-elles changé quand vous avez été adolescent(e)? Quelles valeurs ont pris de l'importance?

_____
_____
_____

Nom _____ Classe _____ Date _____

INTERACTION: La leçon de conduite

CONVERSATIONS

A. Complétez les dialogues suivants avec les expressions de **l'Autrement dit**.

1. GILLES   Salut Tom ! _____ ?

    TOM   Pas mal, _____ ?

    GILLES   _____

2. PHILIPPE   Diane, je te présente mes parents, Marie et Guy Faure.

    DIANE   _____

3. GENEVIÈVE   J'ai un cours dans dix minutes ! _____

    CHRISTINE   Et moi aussi. _____. Ciao !

    GENEVIÈVE   _____

4. M. MURAOUR   Il est déjà 22 heures ! Au lit, les enfants !

    LES ENFANTS   _____, papa.

5. MME STEIN   M. Chambert, vous connaissez Mlle Mitrand ?

    M. CHAMBERT   _____

    MME STEIN   Et bien, Mlle Mitrand _____

                         M. Chambert, c'est un ami de mon mari.

    MLLE MITRAND   _____, Monsieur.

    M. CHAMBERT   _____, Mademoiselle.

B. Les rapports familiaux. Votre petite cousine va faire un séjour en France. Elle va vivre avec une famille française. Aidez-la avec le vocabulaire dont elle aura besoin pour parler de sa famille.

    Modèle :   Quel est le mot pour le père de ma mère ?

                   C'est ton grand-père maternel.

1. Quel est le mot pour le fils de la sœur de ma mère ?

_____

Nom _____ Classe _____ Date _____

2. Quel est le mot pour la femme de mon frère ?

   _____

3. Quel est le mot pour la sœur de mon père ?

   _____

4. Quel est le mot pour l'enfant de mon frère ?

   _____

5. Comment est-ce que je peux dire que ma sœur va avoir un bébé ?

   _____

C. **Ma famille.** Vous allez rencontrer votre correspondant luxembourgeois pour la première fois et vous voulez lui parler de votre famille. Pratiquez comment parler de votre famille à partir d'une photo de famille ou d'un arbre généalogique. Utilisez le vocabulaire de **l'Autrement dit** dans votre livre. Écrivez au moins cinq phrases.

   Modèle : Voici ma famille. Ça, c'est moi. Là, c'est Pierre, mon père. À côté de lui, c'est ma belle-mère, Jeanne. Mon père l'a épousée quatre ans après son divorce. Ma mère, Myriam, habite dans un autre quartier pas loin de chez nous . . .

   _____
   _____
   _____
   _____
   _____
   _____
   _____

D. **Toujours la famille.** Répondez aux questions suivantes avec des phrases complètes.

1. Choisissez un membre de votre famille, ou un bon ami, et décrivez ses rapports avec tous les autres de sa famille (*Richard est mon père. C'est l'oncle de Thomas, le beau-père de Stéphane, le cousin d'Émilie . . .*).

   _____
   _____
   _____

Nom _____ Classe _____ Date _____

_____

_____

2. Qui est le plus souvent gâté dans les familles que vous connaissez, l'aîné ou le cadet ?

_____

_____

3. On dit souvent que les beaux-parents sont difficiles. Êtes-vous d'accord ? Pourquoi ?

_____

_____

4. Une devinette (*a riddle*) : Un homme et son fils sont dans un accident de voiture. À l'hôpital, le médecin regarde le garçon et dit, « Je ne peux pas opérer. C'est mon fils ! » Comment est-ce possible ?

_____

5. Pendant que Philippe promenait son chien, il a rencontré le fils du mari de la fille unique de sa belle-mère. Quel lien de parenté existe entre cette personne et Philippe ?

_____

E. **Les bonnes manières.** Votre petite cousine, qui va faire un séjour en France, voudrait aussi savoir comment se tenir (*how to behave*) à table. Dites-lui ce qu'elle doit faire et ne pas faire à table en comparant les règles d'étiquette en France et aux États-Unis.

Modèle : En France comme ici, il ne faut pas parler avec la bouche pleine et il faut s'essuyer la bouche avec une serviette avant de boire.

1. _____

_____

2. _____

_____

3. _____

_____

4. _____

_____

F. À table. Vous êtes invité(e) à un dîner très élégant chez une famille française. Pratiquez ce que vous diriez dans les situations suivantes.

1. Vous voulez la moutarde qui est près de votre sœur.

   _____

2. Vous voulez le sucre qui est près d'un ami de vos amis français.

   _____

3. On vous demande si vous voulez encore du dessert. En fait, il est très bon !

   _____

4. On vous demande si vous voulez encore de la purée. Vous n'aimez pas trop la purée mais vous ne voulez pas offenser.

   _____

À votre tour vous avez invité cette famille française chez vous. Pratiquez ce que vous diriez dans les situations suivantes.

5. Vous offrez à boire à vos invités.

   _____

6. Vous offrez à manger à un bon ami.

   _____

7. Vous offrez à manger à tous les invités.

   _____

G. Rien ne va plus. Vous avez passé la journée à visiter les monuments de Paris avec un(e) ami(e). Vous n'avez rien mangé ou bu depuis que vous avez quitté votre chambre d'hôtel tôt le matin. Votre ami(e), qui ne parle pas français, est fatigué(e) et de mauvaise humeur. Vous rencontrez des amis français qui vous demandent de sortir avec eux. Ils ont l'intention d'aller danser dans une boîte (*a night club*). Expliquez à vos amis français pourquoi vous ne pouvez pas sortir avec eux ce soir. Utilisez le vocabulaire des conditions physiques et mentales dans **l'Autrement dit**. Écrivez au moins trois phrases.

Nom _____ Classe _____ Date _____

Nous ne pouvons pas aller danser avec vous parce que _____

_____

_____

_____

_____

_____

_____

GRAMMAIRE DE BASE

Les verbes au présent; la négation; comment poser une question

A. Rencontre. Complétez la conversation suivante avec un verbe de la liste ci-dessous au présent. Vous pouvez employer le même verbe plus d'une fois.

acheter, aller, attendre, avoir, choisir, descendre, faire, rendre, répondre, réussir, vendre

1. VALÉRIE   Nathalie ! Viens avec moi ! Je _____ visite à Catherine. C'est son anniversaire.

2. NATHALIE   Quel âge _____ -t-elle ?

3. VALÉRIE   Elle _____ de ne pas le révéler !

4. NATHALIE   Tu _____ à pied ?

5. VALÉRIE   Oui. J(e) _____ le temps, et il _____ beau.

6. NATHALIE   Il _____ chaud et tu vas être en retard.

7. VALÉRIE   Peut-être que tu _____ raison. Je prends le bus. Mais où est ce que je _____ ?

Nom _____ Classe _____ Date _____

8. **NATHALIE**   Tu _____ jusqu'au centre ville et tu

                         _____ devant la BNP *(Banque Nationale de Paris)*.

9. **VALÉRIE**   Et toi ? Qu'est-ce que tu fais ?

10. **NATHALIE**   J(e) _____ un coup de téléphone *(a phone call)* d'une femme

                         qui _____ à notre petit annonce. Marc et moi, nous

                         _____ de nouveaux meubles *(furniture)* mais avant de les

                         acheter, nous _____ ce gros sofa orange.

11. **VALÉRIE**   Bonne chance. Si vous _____ à le vendre, je serai vraiment

                         étonnée !

B. **Un enfant terrible** [1]. Mme Martin est fâchée contre *(upset with)* Guy, son fils de sept ans. Guy n'obéit pas à sa maman. Vous n'entendez que les réponses de Guy. Devinez les questions de Mme Martin d'après les réponses de son fils. Employez différentes structures interrogatives.

1. _____

Non, je ne range pas ma chambre.

2. _____

Non, je ne finis pas mon sandwich.

3. _____

Non, je ne fais pas mes devoirs.

4. _____

Oui, je fais de la bicyclette dans le salon.

Chapitre 1

Nom _____ Classe _____ Date _____

C. Un enfant terrible (2). Mme Martin se plaint (*is complaining*) de Guy à son mari. Formez ses phrases en utilisant les verbes de la colonne de gauche avec une expression négative de la colonne de droite.

ranger sa chambre	ne . . . jamais
faire se devoirs	ne . . . rien
se laver les mains et le visage	ne . . . pas
dire merci	ne . . . personne
répondre quand on l'appelle	ne . . . ni . . . ni
faire	

1. _____

2. _____

3. _____

4. _____

5. _____

STRUCTURE I

Pour poser une question : les pronoms interrogatifs

A. Le vin des Blanchard n'est pas bon. Votre ami(e) regarde une émission de télévision au sujet d'un Américain à Paris. Vous êtes dans une autre pièce et vous n'entendez pas bien le dialogue. Posez des questions sur ce que vous n'avez pas compris (cette information est soulignée).

1. <u>Tom</u> dîne chez les Blanchard.

   _____?

2. Mme Blanchard offre <u>de la salade niçoise</u> à Tom.

   _____?

3. C'est <u>une salade au thon, aux œufs, aux anchois et aux légumes.</u>

   _____?

4. <u>Tom</u> demande du vin.

   _____?

5. Une fois à la maison, il cherche <u>de l'aspirine</u>.

   _____?

6. <u>Le vin des Blanchard</u> n'est pas bon !

   _____?

B. Interview. Vous faites des recherches sur les valeurs qu'on inculque aux enfants et aux adolescents en France. Vous allez faire un sondage d'opinion auprès d'un certain nombre de Français. Écrivez les questions que vous voulez leur poser.

1. Q'est-ce que _____ ?

2. Qui _____ ?

3. Quand _____ ?

4. Comment _____ ?

5. Qu'est-ce qui _____ ?

6. Pourquoi _____ ?

7. _____ ?

C. C'est à vous. Un(e) ami(e) français(e) vous pose des questions au sujet des repas chez vous. Répondez à ses questions avec des phrases complètes.

1. Qui fait la cuisine chez vous ?

   _____

2. Combien de repas est-ce que vous mangez en famille ?

   _____

Chapitre 1

3. À quelle heure est-ce que vous dînez ?

4. Qui a tendance à vous téléphoner pendant que vous dînez ?

5. Qu'est-ce que vous dites quand on vous téléphone pendant le repas ?

6. Qui fait la vaisselle après le dîner ?

STRUCTURE II

Pour conseiller : l'impératif

A. L'insomnie. Mme Blanchard a du mal à dormir. Ecrivez les conseils que lui donne son médecin en utilisant des impératifs.

1. _____ trop avant d'aller au lit. (ne... pas / manger)

2. _____ juste avant de vous coucher. (ne... pas / travailler)

3. _____ d'alcool après le dîner. (ne... pas / boire)

4. _____ de café ou de thé après 15 heures. (ne... pas / prendre)

5. _____ prudente ! Pas de danse aérobic le soir ! (être)

6. _____ attention aux somnifères *(sleeping pills)*. (faire)

7. _____ patienter. (savoir)

8. _____ peur. Tout le monde a du mal à s'endormir de temps en temps. (ne... pas / avoir)

Nom _____ Classe _____ Date _____

B. Entre amies. Mme Blanchard donne les conseils de son médecin à son amie, Marthe, qui ne dort pas très bien non plus.

1. _____ trop avant d'aller au lit. (ne . . . pas / manger)
2. _____ juste avant de te coucher. (ne . . . pas / travailler)
3. _____ d'alcool après le dîner. (ne . . . pas / boire)
4. _____ de café ou de thé après 15 heures. (ne . . . pas /prendre)
5. _____ prudente ! Pas de danse aérobic le soir ! (être)
6. _____ attention aux somnifères. (faire)
7. _____ patienter. (savoir)
8. _____ peur. Tout le monde a du mal à s'endormir de temps en temps. (ne . . . pas / avoir)

C. Conseils. Vous avez beaucoup de bons conseils à donner sur le savoir vivre (*manners*). En employant **l'impératif** donnez des conseils aux personnes dans les situations suivantes.

1. Des amis viennent dîner chez vous pour la première fois.

    (faire) _____

    (ne . . . pas / hésiter) _____

2. Une jeune adolescente américaine va vivre avec une famille française pour quatre semaines.

    (être) _____

    (ne . . . pas / être) _____

3. Des amis déjeunent au restaurant universitaire.

    (prendre) _____

    (ne . . . pas / prendre) _____

Chapitre 1

4. Un ami américain va dîner chez des Français pour la première fois.

   (savoir) _____

   (ne . . . pas / oublier) _____

GRAMMAIRE DE BASE

Les verbes irréguliers : *vouloir, pouvoir, sortir, venir, connaître*

A. **À table.** Dans un restaurant où il y a beaucoup de monde, vous entendez des fragments de conversations. Vous essayez de deviner ce qui manque. Complétez les dialogues que vous entendez avec le présent d'un des verbes entre parenthèses. Attention au sens de la phrase !

1. MME BLANCHARD   Tu _____ (vouloir / pouvoir) du café, chéri ?

   M. BLANCHARD   Non, merci. Je _____ (vouloir / venir) de prendre un café et quand j'en bois trop je ne _____ (sortir / pouvoir) pas me concentrer.

2. ANNICK   Vous _____ (sortir / connaître) mon fiancé, Jean-Philippe ?

   MME BLANCHARD   Mais oui, je le _____ (connaître / venir) depuis son enfance. C'est le fils d'une de mes meilleures amies !

3. CLAIRE   D'où _____ (venir / tenir) ces jolies fleurs ?

   ANNICK   Mes parents me les ont offertes.

   CLAIRE   Tu _____ (mentir / pouvoir) !

4. CATHERINE   Chaque jour je mets des stylos dans mon sac, et chaque jour ils _____ (sortir / disparaître) !

   MARTINE   _____ (partir / tenir) ! Prends le mien.

B. Politesse. Exprimez-vous poliment dans les situations suivantes en employant le conditionnel des verbes **pouvoir** et **vouloir**.

1. Demandez à votre frère de vous passer les épinards. (pouvoir)

2. Dites à votre mère que vous voulez sortir avec des amis ce soir. (vouloir)

3. Demandez à la caissière (*cashier*) de vous faire de la monnaie (*change*). (pouvoir)

4. Demandez à votre patron (*boss*) s'il veut venir dîner chez vous. (vouloir)

STRUCTURE III

Pour exprimer le rapport entre deux actions : le participe présent

A. Comment élever les enfants. Vous voulez expliquer à un(e) ami(e) les différences entre l'éducation des enfants en France et aux États-Unis selon Raymonde Carroll. Complétez les phrases suivantes avec le participe présent d'un des verbes de la liste ci-dessous.

quitter / la maison	faire / des expériences
imiter / des modèles	savoir / retenir l'attention
obéir / aux règles quand ils sont petits	avoir / beaucoup de liberté

1. Les adolescents français obtiennent leur indépendance _____

2. Les enfants français se préparent au rôle d'adulte _____

3. Les enfants américains apprennent _____

4. C'est _____ que l'enfant français se fait écouter.

5. Tout _____, l'adolescent français continue à vivre chez ses parents.

6. Les adolescents américains manifestent leur indépendance _____

Chapitre 1

Nom _____ Classe _____ Date _____

B. À vous. Vous décrivez les particularités de votre famille à un(e) ami(e). Complétez les phrases suivantes en disant ce que ces personnes font ou ne font pas en même temps que les actions mentionnées.

    Modèle :   Ma mère lit

                      Ma mère lit *en regardant la télé*.

1. Je fais mes devoirs _____

2. Mon père ne mange jamais _____

3. Mes neveux dorment _____

4. J'ai un cousin qui chante _____

5. Pour ma mère, il est plus agréable de faire la vaisselle _____

6. Ma sœur lit un magazine _____

C. Interview. Un ami très curieux vous appelle pour vous poser beaucoup de questions indiscrètes. Comme vous êtes poli(e), vous répondez à ses questions. Écrivez des phrases complètes.

1. Qu'est-ce que tu es en train de faire ?

    _____

2. Écoutes-tu de la musique en ce moment ?

    _____

3. Est-ce que tu étudies en écoutant de la musique d'habitude ?

    _____

4. Comment est-ce que tu passes ton temps le week-end ?

    _____

5. Comment as-tu commencé ta journée aujourd'hui ?

    _____

6. Comment vas-tu finir ta journée ?

    _____

Nom _____ Classe _____ Date _____

STRUCTURE IV

Pour exprimer la continuation d'une action : le temps présent et depuis

A. Que le temps passe vite ! Mme Blanchard rencontre Mme Faure, une amie d'enfance, dans un café. Elle lui pose toutes sortes de questions sur sa famille et ses amis. Écrivez les réponses de son amie.

1. Depuis combien de temps est-ce que le jumelles vont au lycée ? (deux ans)

   _____

2. Depuis quand est-ce que Mme Chevalley est veuve ? (cinq ans)

   _____

3. Depuis quand est-ce que ta cousine est divorcée ? (six mois)

   _____

4. Depuis combien de temps est-ce que les Silvestri ont des petits enfants ? (trois ans)

   _____

5. Depuis quand est-ce que l'aîné est fiancé ? (Noël)

   _____

6. Depuis combien de temps son ex-femme est-elle mariée ? (six mois)

   _____

B. Interview. Gilles, un étudiant français, voudrait vous connaître mieux. Répondez à ses questions avec des phrases complètes.

1. Depuis combien de temps est-ce que vous savez conduire ? (*to drive*)

   _____

2. Depuis combien de temps est-ce que vous pratiquez votre sport préféré ?

   _____

Chapitre 1

Nom _____ Classe _____ Date _____

3. Depuis quand est-ce que vous faites vos études à cette université ?

   _____

4. Depuis combien de temps est-ce que vous parlez français ?

   _____

5. Depuis quand est-ce que vous habitez cette ville ?

   _____

6. Depuis combien de temps est-ce que vous connaissez votre meilleur(e) ami(e) ?

   _____

C. **Les colonies de vacances** *(summer camps)*. Vous êtes moniteur (ou monitrice) dans une colonie de vacances. Voici les renseignements que vous avez reçus au sujet de chaque enfant dans votre groupe. Posez-leur des questions pour les connaître mieux en employant **depuis quand, depuis combien de temps**, etc.

Nom	MORJAND	CHENIER	SERHANE
Prénom	Philippe	Claire	Omar
Age	10 ans	12 ans	13 ans
Résidence	Saint Louis	Lyon	Marseille
Date du dernier séjour	juillet 1999	juin 1998	juillet 2000
Passe-temps	natation, cinéma, planche à voile	randonnées, tennis, danse	lecture, moto, piano

Questions pour Philippe :

_____

_____

Nom _____ Classe _____ Date _____

Questions pour Claire :

_____

_____

Questions pou Omar :

_____

_____

Journal

Analysez les photos dans le chapitre de votre livre. Quelles différences remarquez-vous entre les familles ? Les repas ? Les façons de manger ? Quelle photo représente le mieux votre famille ? Un repas chez vous ?

À votre tour

Dans cette composition, vous allez faire le portrait de votre famille.

Enrichissez votre expression

Faites les activités suivantes pour enrichir votre expression.

A. La description de la famille. Remplissez la grille suivante pour préciser le vocabulaire dont vous aurez besoin dans votre composition.

Vocabulaire utile

La description physique: il/elle a les yeux, les cheveux ; il/elle est grand(e), petit(e), mince, costaud(e), fort(e); ???

Traits de personnalité : il/elle est aimable, sympathique, gentil(le), extroverti(e), timide, introverti(e), mécontent(e), hypocrite . . .

Membre de la famille	Description physique	Traits de personnalité

B. Les rapports. Les rapports peuvent être intimes (= chaleureux) ou distants (= froids). Quels comportements caractérisent ces rapports?

Chapitre 1

Nom _____ Classe _____ Date _____

Rapports intimes
- On se téléphone tous le jours
- ?
- ?

Rapports distants
- On se voit une fois par an
- ?
- ?

C. Les valeurs. Quelles valeurs sont importantes à inculquer aux enfants ? Selon vous, quelle institution devrait être chargée de cette fonction ?

Valeur	Institution
l'honnêteté	*la famille, l'école, la religion*

Ébauchez votre plan

Répondez à ces questions pour bien structurer votre composition.

Paragraphe I

Combien de personnes y a-t-il dans votre famille ?
Identifiez-les, en donnant leur nom et leur âge. Faites un petit portrait physique de chaque personne. Qui est célibataire, marié(e), divorcé(e), etc. ?
Où habitent les membres de votre famille ?

Paragraphe II

Comment sont les rapports entre vous et les autres membres de la famille ?
Vous voyez-vous très souvent ? À quelles occasions ?
Avec qui vous entendez-vous le mieux ? Pourquoi ?

Paragraphe III

Quel membre de la famille admirez-vous le plus ? Pourquoi ?
Quelles valeurs sont importantes pour cette personne ?
Quelle influence a-t-il/elle sur vous ?

Nom _____ Classe _____ Date _____

Paragraphe IV

Quelle sorte de vie familiale envisagez-vous à l'avenir ?
Allez-vous vous marier ? avoir des enfants ?
Quelle sorte d'éducation allez-vous leur donner ?
Quelles personnes/institutions vont être importantes pour eux pendant leur enfance ? La famille ? La religion ? L'école ? Les groupes civiques ?

Écrivez

Écrivez la première version de votre composition, en faisant bien attention à la précision de votre expression. Après avoir lu votre texte, le lecteur devrait bien comprendre la structure de votre famille présente et future; il devrait aussi avoir l'impression de bien connaître les personnes décrites.

Révisez

Révisez votre première version en tenant compte des commentaires/corrections de votre lecteur.

Nom _____ Classe _____ Date _____

CHAPITRE 2

Passage vers la communication
Perspectives interculturelles

MISE EN TRAIN

Les associations d'idées. Faites une liste d'adjectifs que vous associez aux Américains et aux États-Unis.

Les Américains	Les États-Unis

Faites une liste d'adjectifs que vous associez aux Français et à la France.

Les Français	La France

Nom _____ Classe _____ Date _____

Trouvez des images dans les médias (la télévision, les magazines ou le cinéma) qui illustrent les caractéristiques que vous avez identifiées ci-dessus pour les Américains et les États-Unis d'un côté et pour les Français et la France de l'autre. Quel est le point de vue de ces images ?

INTERACTION

AUTREMENT DIT

A. **Un repas raffiné.** Vous venez de trouver des fragments d'une lettre qui décrit un repas intéressant. En utilisant le vocabulaire de **l'Autrement dit**, complétez le reste du texte pour déterminer s'il s'agit d'un repas délicieux ou médiocre.

Nous avons dîné à un nouveau restaurant (1) _____ hier soir sur la recommandation de nos amis les Durant. Quel repas ! D'abord le cadre était très (2) _____, il n'y avait pas de fleurs fraîches sur la table et la nappe n'était pas blanche. Nous avons commandé des biftecks (3) _____ et on nous a servi de la viande (4) _____. J'ai cru que le bœuf allait mugir *(moo)* sur mon assiette. La salade n'était pas assez (5) _____, elle manquait de goût. La soupe était (6) _____ comme si on avait oublié de la réchauffer. Les desserts étaient (7) _____, pleins de crème et de chocolat. Nous n'avons pas voulu (8) _____ les plats pour ne pas insulter nos amis mais quel désastre ! Après le repas j'ai eu (9) _____ et j'ai dû prendre (10) _____ et me coucher tôt.

B. **En général.** Servez-vous des expressions de quantité ci-dessous pour décrire les habitudes culinaires *(eating habits)* aux États-Unis. Considérez, par exemple, les catégories suivantes : **les adultes, les étudiants, les enfants, les restaurants, les desserts.**

1. La plupart_____

_____

2. Bien _____

_____

3. Certains/Certaines _____

_____

4. La grande majorité_____

_____

Nom _____ Classe _____ Date _____

C. Comparez. Vous venez de comparer vos habitudes culinaires à celles de votre famille et de vos amis. Écrivez des phrases pour résumer vos conclusions. Utilisez les indications données.

    Modèle :   pain / moins
                  Michel mange moins de pain que moi.
    ou
                  Je mange moins de pain que Michel et Annie.

1. viande / autant

   _____

2. légumes / plus

   _____

3. caféine / moins

   _____

4. temps pour faire la cuisine / plus

   _____

5. appétit / autant

   _____

6. pâtisseries / moins

   _____

D. Contrastes. Pensez à deux personnes que vous connaissez (des amis ou des personnes célèbres) et décrivez-les physiquement et moralement (personality). Utilisez le vocabulaire de **l'Autrement dit**.

1. _____

2. _____

3. _____

4. _____

5. _____

6. _____

Chapitre 2

Nom _____ Classe _____ Date _____

E. Stéréotypes. En vous référant à vos associations dans la **Mise en train,** dites 1) quelle est la description stéréotypée de chacune des personnes suivantes; puis, 2) pour chaque catégorie, décrivez une personne que vous connaissez qui dément (*contradicts*) le stéréotype.

1. des parents typiques américains ?

   Stéréotypes : _____

   Démenti : _____

2. un homme d'affaires typique français ?

   Stéréotype : _____

   Démenti : _____

3. une femme d'affaires typique américaine ?

   Stéréotype : _____

   Démenti : _____

4. un(e) adolescent(e) typique américain(e) ?

   Stéréotype : _____

   Démenti : _____

5. un Français typique ?

   Stéréotype : _____

   Démenti : _____

6. un Américain typique ?

   Stéréotype : _____

   Démenti : _____

Nom _____ Classe _____ Date _____

GRAMMAIRE DE BASE

Le pluriel; l'article défini; les expressions de quantité; les verbes à changement d'orthographe (préférer, acheter, payer, appeler manger); les verbes *boire* et *prendre*

A. Un seul ne suffit pas. Votre amie ne peut jamais vous laisser avoir le dernier mot. Elle doit contredire tout ce que vous dites. Comme vous la connaissez très bien, vous pouvez prédire ce qu'elle va répondre à chacune des phrases suivantes. Changez le mot souligné selon les indications entre parenthèses.

Modèle : Toute ville a <u>un restaurant</u>. (des)
Non, toute ville a des restaurants.

1. Certaines familles ont <u>un animal domestique</u>. (deux)

   _____

2. Les Cyclopes de la mythologie ont <u>deux yeux</u>. (un)

   _____

3. Les enfants mangent <u>un repas</u> par jour. (trois)

   _____

4. Si on est gourmand, on prend <u>un gâteau</u> comme dessert. (quatre ou cinq)

   _____

5. Dans la cathédrale, il y a <u>un seul vitrail</u> à voir. (plusieurs)

   _____

B. Après les courses. Vous avez fait des courses pour un repas spécial et vous dites à votre camarade de chambre ce que vous avez acheté. Complétez les phrases suivantes avec des articles définis (**le, la, l', les**).

J'ai acheté _____ veau, _____ vinaigre, _____ huile d'olive, _____ poivre, _____ tomates, _____ beurre . . . Zut ! J'ai oublié _____ champignons !

Chapitre 2

Nom _____ Classe _____ Date _____

C. **Quelle quantité ?** Soyez plus spécifique et insérez une expression de quantité dans chacune des phrases suivantes.

très peu, assez, tellement, un kilo, un litre, deux litres, beaucoup

1. Il y a des choses à faire pour préparer le repas.

   _____

2. Heureusement que j'ai invité du monde.

   _____

3. Il faut aller au marché et acheter des légumes pour la soupe.

   _____

4. Il faut aussi de la viande.

   _____

5. Chez l'épicier, il faut prendre du vin et de l'eau minérale.

   _____

6. J'espère avoir le temps de tout faire.
   tellement

   _____

GRAMMAIRE DE BASE

D. **Les habitudes culinaires.** Faites des phrases correctes au présent avec les éléments donnés. Attention aux verbes qui changent d'orthographe.

1. Chez nous / ma mère / acheter / beaucoup de fruits et de légumes.

2. Nous / manger / une salade / tous les jours.

3. Ma sœur / préférer / les fruits.

4. Moi, je / payer / plus / pour des produits bio.

5. Quand ma mère / nous appeler / à table / mes frères / se jeter / sur les plats parce qu'ils / avoir / toujours très faim.

Nom _____ Classe _____ Date _____

E. Et au Maroc ? Votre correspondant(e) marocain(e) vous a écrit une description des repas et des habitudes culinaires dans son pays. Complétez les phrases suivantes avec la forme correcte des verbes **boire** et **prendre** au présent.

Che moi, on (1) _____ trois repas par jour. Ma grand-mère (2) _____ du thé à la menthe toute la journée. Les enfants (3) _____ du coca ou de l'eau avec les repas. Nous (4) _____ souvent deux heures pour le déjeuner et les repas de fêtes (5) _____ encore plus longtemps. Je ne (6) _____ pas de vin ou de boisson alcoolisée mais mon frère aime (7) _____ un apéritif de temps en temps.

STRUCTURE I

Pour parler des quantités indéfinies : l'emploi de l'article indéfini et du partitif

A. Une liste de provisions. Vous avec décidé de préparer un repas spécial ce soir: côte de veau à la crème, salade verte et mousse au chocolat. Vous avez écrit une liste des ingrédients dont vous avez besoin. Complétez la liste avec les articles qui conviennent (indéfini ou partitif).

_____ œufs   250 grammes _____ champignons

500 grammes _____ sucre   _____ pommes

_____ veau   _____ beurre

_____ crème   _____ tomates

_____ huile d'olive   _____ poivre

_____ vinaigre   _____ sel

B. Des repas de fêtes. Vous parlez des repas traditionnels avec un(e) ami(e) français(e). Mentionnez trois plats qu'on sert pour chaque occasion aux États-Unis. N'oubliez pas les articles indéfinis ou partitifs.

1. Pour le repas de Noël, on sert _____.

2. Pour Thanksgiving, on mange _____.

3. Pour la fête de l'Indépendance, on sert _____.

4. Pour _____ (une fête typique de votre choix), on mange _____.

Chapitre 2

Nom _____ Classe _____ Date _____

STRUCTURE II

Désigner et généraliser : l'emploi de l'article défini

A. Un voyage gastronomique. Voici des conseils sur les repas dans le Midi de la France. Complétez le passage avec les articles qui conviennent (article défini, indéfini ou partitif).

Si vous voyagez dans le Midi de la France, ne passez pas tout votre temps à vous reposer sur la plage ! Profitez des spécialités culinaires des régions du sud. À Nice, vous pouvez essayer [1] _____ fameuse salade niçoise qui est nommée d'après sa ville d'origine. C'est [2] _____ salade somptueuse, préparée avec [3] _____ œufs, [4] _____ anchois, [5] _____ pommes de terre, [6] _____ vinaigrette et beaucoup [7] _____ thon. Si vous mangez sur le pouce (*eat on the run*), commandez plutôt [8] _____ pan bagnat (*m.*) : c'est [9] _____ sandwich qui a les mêmes ingrédients. [10] _____ socca (*m.*) est une spécialité niçoise à ne pas manquer. Mais attention ! Si vous n'aimez pas [11] _____ huile d'olive et [12] _____ pois chiches (*chickpeas*), vous n'aimerez pas [13] _____ socca. À Nice on apprécie beaucoup [14] _____ cuisine italienne et nord africaine. Prenez [15] _____ pizza ou [16] _____ couscous (*m.*) et vous ne serez pas déçu. Ne cherchez pas [17] _____ hamburger, ce n'est pas [18] _____ spécialité régionale. En général, [19] _____ Français dans le Midi préfèrent [20] _____ vin rouge avec leurs repas. Il y a [21] _____ grand choix de vins à prix très bas ou très élevés. (22) _____ bon vin rouge va bien avec tous les plats.

Téléphonez avant de dîner au restaurant, car beaucoup de restaurants sont fermés [23] _____ lundi. Et n'arrivez pas trop tôt au restaurant. [24] _____ Français préfèrent dîner après huit heures.

B. Sondage. Une entreprise de marketing fait des recherches sur le café. Répondez avec des phrases complètes.

1. Préférez-vous le café ou le thé ?

   _____

2. Prenez-vous du café la matin ?

   _____

30   *Ouvertures* Workbook

Nom _____ Classe _____ Date _____

3. À votre avis, est-ce que les Français aiment le café américain ?

   _____

4. Est-ce qu'il vaut mieux que les adultes boivent du café décaféiné ?

   _____

5. Y a-t-il de la caféine dans votre boisson préférée ?

   _____

6. Est-ce que la caféine est bonne pour la santé ?

   _____

   _____

ÉTUDE DE VOCABULAIRE

A. Pas grand-chose. Vous venez de faire un voyage en Europe et vos amis veulent tout savoir sur vos expériences culinaires . . . mais vous n'avez pas eu le sens de l'aventure. Répondez à leurs questions en utilisant l'expression **ne . . . que**.

   Modèle : Est-ce que tu as essayé des escargots ? (des salades)
   Je n'ai mangé que des salades.

1. Est-ce que tu as mangé des baguettes ? (du pain américain)

   _____

2. Est-ce que tu as bu beaucoup de vin français ? (du coca)

   _____

3. Es-tu allé à beaucoup de restaurants différents ? (chez Macdo)

   _____

4. As-tu essayé des plats régionaux ? (du couscous)

   _____

Chapitre 2

Nom _____ Classe _____ Date _____

GRAMMAIRE DE BASE

Forme et comparatif / superlatif des adjectifs

A. Bien assortis. Les personnes suivantes sont bien assorties (*are well suited*). Complétez les phrases suivantes avec la forme correcte des adjectifs entre parenthèses.

1. (beau) Ma sœur est _____ et son mari est _____. Ils sont tous les deux _____.

2. (mystérieux) Ma voisine est _____ ; elle et son mari sont tous les deux _____.

3. (gros) Moi, je suis mince, mais mes enfants sont tous _____.

4. (intelligent) J'ai une sœur jumelle qui est aussi _____ que moi !

5. (bon) Notre caractère est _____ et nos actions sont _____ aussi.

B. Chauvinisme et ethnocentrisme. Vous êtes chargé(e) de former des hommes et des femmes d'affaires américains qui vont voyager en France pour des négociations délicates. Pour commencer l'atelier (*workshop*) vous voulez leur présenter des exemples de chauvinisme et d'ethnocentrisme, pour qu'ils puissent reconnaître ces attitudes en eux-mêmes et chez les autres. Écrivez des phrases comparatives et superlatives sur les Français et les Américains selon les indications données.

> **Modèle :** intelligent
>
> *Les Américains sont plus intelligents que les Français. Ils sont les plus intelligents du monde.*
>
> ou
>
> *Les Français sont les plus intelligents du monde. Ils sont plus intelligents que les Américains.*

1. matérialiste

   _____

2. intellectuel

   _____

3. travailleur

_____

4. bon en technologie

_____

5. efficace

_____

6. rigide

_____

STRUCTURE III

Pour décrire : la forme des adjectifs

A. Au café. Complétez les conversations que vous avez entendues la terrasse d'un café très populaire. Utilisez le contraire des adjectifs soulignés si possible.

1. JEUNE FEMME   Monsieur, on a trouvé une boucle d'oreille ?

   CAISSIER   Une <u>petite</u> boucle d'oreille <u>noire</u> ?

   JEUNE FEMME   Ah, non. J'ai perdue une _____ boucle d'oreille _____.

2. ÉTUDIANT   C'est la <u>première</u> fois que tu déjeunes ici ?

   SON AMI   En fait, c'est la _____ fois ! Il y a trop de monde et le service n'est pas terrible (*not great*).

3. ARTISTE   C'est une exposition <u>privée</u> ?

   SON AMI   Mais pas du tout. C'est une exposition _____.

Chapitre 2

Nom _____ Classe _____ Date _____

4. UNE FILLE   Je peux acheter les chaussures <u>bleu foncé</u> ?

   SA MÈRE   Franchement, je préfère les chaussures _____ pour l'été.

5. JEUNE FEMME   Les parents de ton fiancé sont <u>naturels</u>, non ?

   SON AMIE   Pas du tout. Ils sont plutôt _____.

B. Interview. Le service des résidences universitaires de votre université a envoyé un sondage à tous les étudiants. Répondez aux questions avec des phrases complètes.

1. Est-ce que vous avez déjà eu des camarades de chambre cochon ?

   _____

2. Préférez-vous les murs de votre chambre peints en bleu foncé ou en bleu clair ?

   _____

3. Quelle a été votre impression la première fois que vous avez vu la résidence et votre chambre ?

   _____

4. Quelle a été votre expérience avec votre dernier(-ère) camarade de chambre ?

   _____

STRUCTURE IV

Pour décrire : la forme et la position des adjectifs

A. Mon patron. Vous préparez un dossier pour vous plaindre de votre patron. Refaites les phrases suivantes en insérant les adjectifs entre parenthèses dans les phrases ci-dessous. Faites attention à la forme et la place des adjectifs.

1. J'ai un patron (incompétent, vieux) qui fait toutes sortes de bêtises.

   _____

2. Hier, par exemple, il a interviewé une femme (joli, jeune, blond) pour un poste vacant.

   _____

Nom _____ Classe _____ Date _____

3. Il a posé beaucoup de questions (ridicule).

   _____

4. Il était évident qu'il s'intéressait plutôt à ses traits physiques qu'à ses qualités (intellectuel).

   _____

5. Finalement, il lui a dit: «Je vois que vous êtes d'une intelligence (grand) et d'une beauté (exceptionnel). Je vous embauche.»

   _____

6. Et elle a répondu: « Et vous, Monsieur, vous êtes d'une intelligence (négligeable) et vous avez un caractère (mauvais). Au revoir! »

   _____

B. Descriptions. Utilisez le nom et l'adjectif entre parenthèses pour élaborer l'histoire ci-dessous.

1. Monsieur Piche n'a pas beaucoup d'argent.

   (homme / pauvre)   C'est un _____.

2. Il n'a pas d'amis non plus !

   (homme / pauvre)   Le _____

3. Il est veuf depuis un an.

   (homme / seul)   C'est un _____.

4. Un jour, il reçoit un coup de fil d'une amie de lycée.

   (ami / ancien)   C'est une _____.

5. Elle veut lui rendre visite.

   (train / prochain)   Elle va prendre le _____.

6. M. Piche fait la lessive.

   (chemise / propre)   Il a besoin d'une _____.

Chapitre 2

Nom _____ Classe _____ Date _____

7. Puis il cherche sa recette préférée.

   (chose / même)   Il prépare toujours la _____.

8. Il fait attention cette fois-ci.

   (semaine / dernier)   Il a brûlé une omelette _____.

9. M. Piche et son amie dînent avec appétit.

   (succès / grand)   Le repas est un _____.

10. Après le dîner, ils parlent de leurs souvenirs de lycée, et M. Piche dit :

    (ami / cher)   Ma _____, on devrait se voir plus souvent !

C. Autoportrait. Faites une description de vous-même et de votre vie en utilisant les éléments entre parenthèses et les adjectifs du chapitre 2.

1. (je / être) _____

2. (je / avoir / cheveux) _____

3. (je / avoir / yeux) _____

4. (je / habiter / ville) _____

5. (ma classe de français / être) _____

6. (mon appartment ou chambre / être / bâtiment) _____

7. (mes amis / être) _____

8. (je / ne . . . pas / aimer / les personnes) _____

9. (je / aimer dîner / restaurant) _____

10. (je / commande toujours / chose) _____

Journal

Quels plats représentent un repas typiqement américain pour vous ?
Ce repas est-il typiquement américain ? Quelles valeurs représente-t-il ? Quels plats français connaissez-vous ? Savez-vous si ces plats sont typiques de la cuisine française ? Écrivez vos réflexions dans votre journal, selon les indications de votre professeur.

À votre tour

Quels endroits représentent les valeurs de votre pays ? Dans cette composition, vous allez faire visiter votre pays (province, état, ville) à un étranger, en lui expliquant ce qu'il signifie pour vous.
Faites les activités suivantes pour enrichir votre expression.

A. Les valeurs. Quelles valeurs définissent votre pays ? Identifiez-en quatre. Voici quelques possibilités : la justice, l'indépendance, l'histoire, la puissance, la religion, la beauté naturelle, la modernité, ? ? ?

B. Quatre endroits à visiter. Quel endroits dans votre pays représentent ces valeurs ? Pourquoi avez-vous choisi ces endroits ? Où se trouvent-ils ? Précisez la préposition à employer devant ces noms géographiques.

Nom _____ Classe _____ Date _____

Endroit	Symbolise.../Pourquoi?	Il/Elle se trouve...

C. Votre itinéraire. Combien de temps passerez-vous à montrer ces endroits à votre visiteur de l'étranger ? Comment allez-vous organiser le voyage ? Comment allez-vous faire le voyage (en voiture, en avion) ? Où allez-vous loger ? manger ?

Ébaucher votre plan

Maintenant, faites votre plan. Pour chaque paragraphe, précisez un centre d'intérêt que vous allez développer. Voici des suggestions : valeurs que mon pays représente; endroits qui symbolisent ces valeurs; description des endroits; organisation du voyage.

Écrivez

Écrivez la première version de votre composition. Faites attention à bien expliquer le rapport entre la valeur et l'endroit choisis. La logique de vos choix et de l'organisation de votre voyage devrait être évidente au lecteur.

Nom _____ Classe _____ Date _____

CHAPITRE 3

Accès à la formation de l'esprit
L'enseignement

MISE EN TRAIN

L'école pour tous. Réfléchissez au système d'éducation aux États-Unis et à l'attitude des Américains envers l'enseignement. Qu'est-ce qu'on enseigne ? Quels sont les objectifs du système scolaire en général ? Comment enseigne-t-on dans les écoles primaires ? et dans le secondaire ? Lisez les phrases suivantes et décidez si elles décrivent l'expérience américaine ou non.

1. Les élèves reçoivent beaucoup d'information sur le monde en général. _____

2. Les instituteurs et professeurs encouragent l'individualisme et l'originalité. _____

3. Les élèves obtiennent des compétences pratiques. _____

4. Les examens sont très importants et très difficiles. _____

5. Les sports et les activités en dehors de la classe sont aussi importants que les disciplines académiques. _____

6. Le but (*goal*) de l'éducation est de préparer les étudiants à trouver un travail bien rémunéré (*well-paying job*). _____

7. Les élèves apprennent beaucoup de choses par cœur (*memorize*). _____

8. Les élèves apprennent à penser clairement. _____

9. Les élèves apprennent à s'exprimer clairement. _____

Chapitre 3

Nom _____ Classe _____ Date _____

INTERACTION

AUTREMENT DIT

A. Une conversation. Complétez la conversation suivante avec les expressions appropriées de l'Autrement dit.

1. MOI _____

2. UN(E) CAMARADE Je me spécialise en _____. Et toi ?

3. MOI _____.

4. UN(E) CAMARADE _____.

5. MOI Je suis un cours de _____, un cours _____ et _____.

6. UN(E) CAMARADE _____?

7. MOI Je suis en _____ année.

8. UN(E) CAMARADE _____?

9. MOI Je pense que je vais recevoir mon diplôme _____. Et toi aussi ?

10. UN(E) CAMARADE _____?

11. MOI Tiens! Quand est-ce qu'on passe le prochain examen de français ?

12. UN(E) CAMARADE C'est _____.

13. MOI Et quelle date sommes-nous ?

14. UN(E) CAMARADE _____.

15. MOI C'est un examen important. Je dois _____ ce soir !

16. UN(E) CAMARADE Tu réussis d'habitude en français ?

17. MOI _____.

18. UN(E) CAMARADE Qu'est-ce qu'il faut faire pour obtenir de bonnes notes en français ?

Nom _____ Classe _____ Date _____

19. Moi   Il faut _____, _____ et _____.

20. Un(e) camarade Tu as raison. Écoute, j'ai rendez-vous. Je me sauve. Dis ! On sèche le cours demain pour continuer cette conversation ?

21. Moi   _____ !

B. Une conseillère académique. Vous êtes conseillère académique. Dites aux personnes suivantes quels cours il faudrait suivre et à quels types de devoirs il faut s'attendre pour ces matières.

1. Une lycéenne qui prépare un bac D (les sciences naturelles).

   _____

   _____

2. Un étudiant qui commence ses études en droit.

   _____

   _____

3. Une étudiante qui se spécialise en histoire.

   _____

   _____

4. Une étudiante de l'école de commerce.

   _____

   _____

C. Oh, la bureaucratie ! Vous vous êtes inscrit(e) dans une université française et vous devez faire une demande de visa d'étudiant. Vous décrivez vos démarches à votre correspondant(e) française(e). Complétez votre message électronique en utilisant le vocabulaire de **l'Autrement dit**.

Tu ne vas pas croire toutes les démarches que j'ai dû faire. D'abord j'ai téléphoné au consulat de France à

Chicago et on m'a expliqué toutes (1) _____ pour obtenir un visa d'étudiant. La dame du consulat m'a

envoyé tous (2) _____ à remplir en quatre exemplaires. Puis, je suis allé(e) chez le photographe (3)

_____ pour la demande de visa. La date pour envoyer toute (4) _____ au consulat approche vite

Chapitre 3

alors j'ai dit au photographe que je ⁽⁵⁾ _____. Heureusement j'ai obéi à tous ⁽⁶⁾ _____ et je suis sûre de recevoir mon visa très bientôt !

D. Réagissez ! Que diriez-vous dans les situations suivantes ? Employez au moins six expressions différentes tirées de **l'Autrement dit**.

1. La personne à côté de vous a regardé votre copie pendant un examen. Vous lui dites :

   _____

2. Vous vous battez depuis une demi-heure avec la paperasserie pour vous inscrire, et on vous donne encore trois formulaires à remplir. Vous dites à vous-même :

   _____

3. Votre ami a perdu le mémoire qu'il venait d'écrire. Vous lui dites :

   _____

4. Un étudiant qui arrive en cours en retard habituellement entre dans la classe et interrompt la conférence. Vous dites à la personne à côté de vous :

   _____

5. Votre professeur découvre que vous n'êtes pas inscrit(e) dans le cours de français que vous suivez depuis des semaines. Vous dites au professeur :

   _____

6. Il faut absolument téléphoner à l'administration avant cinq heures pour confirmer votre inscription. La personne dans la cabine téléphonique (*phone booth*) cherche lentement un numéro de téléphone. Vous lui dites :

   _____

GRAMMAIRE DE BASE

Les verbes irréguliers; la formation du passé composé; la négation dans les temps composés

A. La vie d'étudiant. Votre correspondante française vous a écrit une lettre qui décrit sa vie à l'université. Malheureusement, son écriture n'est pas très claire et vous devez essayer de compléter ce que vous ne pouvez pas lire. Complétez le texte avec la forme correcte des verbes *dire*, *lire*, *écrire*, *mettre* ou *recevoir*.

Nom _____ Classe _____ Date _____

Je t(e) ⁽¹⁾ _____ pour te raconter ma vie à la fac. Pour l'instant ce n'est pas trop dur. Presque tous les jours j'assiste à des conférences dans un grand amphithéâtre avec 500 autres étudiants. Le prof ne nous ⁽²⁾ _____ pas toujours ce qu'il faut préparer mais je suis assez motivée et indépendante. J'aime les travaux pratiques parce que nous sommes moins nombreux et il y a souvent des discussions intéressantes. L'après-midi je vais à la bibliothèque où j(e) ⁽³⁾ _____ et je prends des notes sur mes lectures. Le soir, à la maison, j(e) ⁽⁴⁾ _____ un peu de musique et je continue à travailler. Souvent j(e) ⁽⁵⁾ _____ des dissertations et des mémoires. En général j(e) ⁽⁶⁾ _____ de bonnes notes. ⁽⁷⁾ _____ -moi vite pour m(e) ⁽⁸⁾ _____ ce que tu fais à la fac aux-États-Unis.

B. L'école primaire. Des écoliers parlent de leur vie. Complétez leurs phrases avec la forme correcte des verbes *mettre, dire, lire, écrire* ou *recevoir*.

1. L'institutrice nous _____ toujours de rester assis !
2. Nous _____ toujours la date au tableau.
3. Dans certaines écoles les enfants _____ un uniforme.
4. Les élèves _____ des prix s'ils sont sages (*well behaved*).
5. Philippe et Jean-Marc _____ déjà des livres sans images.
6. Nous _____ les bras sur la table quand l'institutrice _____ un livre de contes.
7. J'ai une écriture soignée parce que nous _____ beaucoup en classe.

C. Il ne faut pas sécher le cours ! Dites ce que ces étudiants ont fait hier au lieu d'aller en classe. Mettez les verbes au **passé composé**.

1. Valérie _____ (rester) à la maison où elle _____ (écouter) ses nouveaux disques compacts.

2. Nathalie _____ (lire) le journal; puis elles _____ (faire) du jogging.

3. François _____ (aller) au centre commercial avec Marie et Paule. Il _____ (acheter) pas mal de choses.

Chapitre 3

4. Mes amis _____ (venir) me voir et nous _____ (sortir)

   mais nous _____ (ne pas aller) en classe.

5. Nous _____ (vouloir) rentrer avant que le cours ne commence, mais nous

   _____ (prendre) le bus, qui _____ (arriver) trop tard.

STRUCTURE I

Pour narrer au passé : l'emploi du passé composé

A. Il n'y a pas longtemps... Utilisz le **passé composé** et **il y a** pour dire quand vous avez fait les choses suivantes.

   Modèle : passer un examen oral

   J'ai passé un examen oral il y a deux mois.

1. (commencer vos études) _____

2. (rendre un devoir) _____

3. (écrire un mémoire) _____

4. (sécher un cours) _____

5. (aller à une conférence) _____

6. (recevoir une bonne note) _____

Nom _____ Classe _____ Date _____

7. (assister à un cours ennuyeux) _____

_____

B. Une journée atroce. Pauvre Madeleine ! Elle a eu une journée horrible la semaine dernière. Complétez son histoire avec le **passé composé** des verbes entre parenthèses. Attention au choix du verbe auxiliaire.

Il y a une semaine, Madeleine (1) _____ (passer) une journée atroce. Écoutez ce qui lui (2) _____ (arriver).

D'abord elle (3) _____ (perdre) les clés de sa voiture et elle les (4) _____ (chercher) partout. Finalement elle les (5) _____ (trouver) dans la poche de sa veste. Puis, elle (6) _____ (sortir) sa voiture du garage pour aller à l'université. Quand elle (7) _____ (arriver) à la fac, elle (8) _____ (ne pas pouvoir) trouver de place pour garer sa voiture. Finalement, elle (9) _____ (entrer) dans le bâtiment, avec une demi-heure de retard. Elle (10) _____ (essayer) de prendre l'ascenseur pour aller jusqu'au sixième étage mais l'ascenseur était en panne (*out of service*). Alors, elle (11) _____ (monter) son gros sac de cahiers et de livres par l'escalier. Quand elle (12) _____ (arriver) à sa salle de classe, elle (13) _____ (chercher) une place de libre. Un ami la (14) _____ (voir) et lui (15) _____ (faire) signe de venir s'asseoir près de lui. Le professeur lui (16) _____ (dire): «Mademoiselle, vous êtes en retard et vous dérangez (*disturb*) tout le monde !» Elle (17) _____ (ouvrir) son cahier et (18) _____ (prendre) des notes sans lever la tête. Dans le cours suivant, elle (19) _____ (passer) un examen très difficile. Après tous ses cours elle (20) _____ (sortir) avec des amis pour prendre un verre mais elle (21) _____ (laisser) ses notes dans la salle de classe. Alors, quand elle (22) _____ (rentrer) chez elle le soir, Madeleine (23) _____ (ne pas pouvoir) préparer l'examen !

C. Une réunion avec la prof. Vous parlez à votre professeur de vos progrès dans le cours de français. Répondez à ses questions en utilisant des <u>négatifs</u>.

1. Qu'est-ce que vous avez compris dans ce chapitre ? (rien)

_____

2. Qui vous a aidé à préparer l'examen ? (personne)

_____

Chapitre 3

Nom _____ Classe _____ Date _____

3. À qui avez-vous demandé de l'aide ? (personne)

   _____

4. Est-ce que vous avez toujours fait les devoirs ? (jamais)

   _____

5. Est-ce que vous avez travaillé sur le mémoire et l'exposé oral ? (ni . . . ni)

   _____

6. Est-ce que vous avez déjà fini le devoir pour demain ? (pas encore)

   _____

D. **Le coup de téléphone hebdomadaire.** Sabine Gélin est partie faire des études aux Beaux-Arts de Paris mais elle téléphone chez elle chaque semaine. Sa mère lui pose beaucoup de questions sur ses activités dans la semaine (les cours qu'elle a suivis, les devoirs qu'elle a remis, si elle est sortie avec ses amis, etc.). Écrivez le dialogue entre Sabine et sa mère. N'oubliez pas d'utiliser le **passé composé**.

SABINE	Allô maman! C'est moi ! Comment ça va ?
MME GÉLIN	_____ ?
SABINE	_____
MME GÉLIN	_____ ?
SABINE	_____
MME GÉLIN	_____ ?
SABINE	_____
MME GÉLIN	_____ ?
SABINE	_____
MME GÉLIN	Au revoir ma chérie. À la semaine prochaine ! Je t'embrasse !

Nom _____ Classe _____ Date _____

STRUCTURE II

Pour narrer au passé : le plus-que-parfait

A. Excuses. Inventez des excuses pour les personnes suivantes en employant le **passé composé** ou le **plus-que-parfait**. Attention aux accords des participes passés.

1. Martin _____ (ne ... pas / faire) ses devoirs ce week-end parce qu'il les

   _____ (déjà / faire) jeudi.

2. Je _____ (ne ... pas / regarder) mes notes pour l'examen d'histoire parce que je

   les _____ (déjà / lire) mille fois.

3. Anne _____ (ne ... pas / téléphoner) à ses parents ce week-end parce qu'elle leur

   _____ (téléphoner) la semaine dernière.

4. Je _____ (ne ... pas / offrir) de faire la vaisselle parce que je

   _____ (passer) tout l'après-midi à écrire un mémoire.

5. Élise _____ (ne ... pas / reconnaître) Gilles parce qu'elle

   _____ (ne ... pas / le voir) avant.

6. Vous _____ (ne ... pas / être) reçu à l'examen lundi matin parce que vous

   _____ (ne ... pas / bosser) la veille.

7. Elle _____ (ne ... pas / descendre) répondre au téléphone parce qu'elle

   _____ (déjà / descendre) trois fois ce matin-là.

B. Les causes et les conséquences. Essayez de deviner ce qui aurait pu faire arriver les situations suivantes (*what could have caused the following situations*). On vous donne une liste de causes possibles. Vous pouvez vous servir de ces causes ou en inventer d'autres. Utilisez le **plus-que-parfait**.

connaître les formules sur le bout des doigts   assez réviser pour l'examen
pratiquer avec un(e) ami(e)   oublier le numéro de la salle de classe
faire assez de recherches   lire les explications dans le chapitre

    Modèle : Mireille n'a pas pu faire cet exercice parce *qu'elle n'avait pas lu les explications dans le chapitre.*

Chapitre 3

Nom _____ Classe _____ Date _____

1. Micheline a écrit un mauvais mémoire parce que _____.

2. Nous sommes arrivés en retard en classe parce que _____.

3. J'ai bien réussi à mon examen oral parce que _____.

4. Bernard et Charles ont reçu le premier prix en chimie parce que _____.

5. Le professeur s'est fâché parce que _____.

C. **Le premier jour de classe.** Marie-France vient de terminer son premier jour de classe à un nouveau collège. Elle en parle à ses amis. Complétez ce qu'elle dit avec la forme correcte d'un des verbes de la liste au **passé composé** ou au **plus-que-parfait**.

aller	**arriver**	**choisir**	**commencer**	**demander**
devenir	**dire** (deux fois)	**entrer**	**mentionner**	**mettre**
oublier	**partir**	**prendre**	**rappeler**	**rentrer**
sortir	**supposer**	**voir**		

Oh la la! Attendez que je vous raconte cette journée! D'abord je (1) _____ de la maison avec une demi-heure de retard parce que je (2) _____ (ne … pas) le reveil (*alarm clock*). Ensuite, quand je (3) _____ au collège, je (4) _____ que la classe (5) _____ déjà et la prof de français (6) _____ sa conférence. Alors je (7) _____ chez la surveillante générale pour qu'elle m'accompagne en classe. Vous imaginez mon humiliation! Quand je (8) _____ dans la classe, les autres élèves (9) _____ déjà leur place et je (10) _____ la seule place libre juste devant la prof. À la fin de l'heure elle (11) _____ à tout le monde le devoir pour demain mais elle (12) _____ (ne … pas) à quelle page. Je (13) _____ qu'elle (14) _____ les détails au début de la classe alors je (15) _____ (ne … rien). Quand les autres (16) _____, je (17) _____ à la prof les détails du devoir. Tout à coup elle (18) _____ toute rouge parce que, figurez-vous, elle (19) _____ de donner les détails à toute la classe ! Alors, voilà, personne ne peut faire le devoir de français pour demain ! Quelle chance, hein ?

48   *Ouvertures* Workbook

Nom _____ Classe _____ Date _____

GRAMMAIRE DE BASE

Les verbes croire, devoir, savoir et suivre

A. La musique ou les sciences ? Deux amis parlent de ce qui les intéresse. Complétez la conversation avec la forme correcte d'un des verbes suivants : *croire, devoir, savoir* ou *suivre*. Le temps des verbes est indiqué entre parenthèses.

— Est-ce que tu (1) _____ (présent) jouer du piano ?

— Pas vraiment. Je (2) _____ (passé composé) prendre des leçons quand j'étais petite, mais j'ai tout oublié. La musique, ça ne m'intéresse plus. Je (3) _____ (présent) des cours de sciences et ça me plaît beaucoup.

— Tu ne (4) _____ (présent) pas qu'on puisse apprécier les deux, la musique et les sciences ?

— Si! Mais c'est une question de temps. Je (5) _____ (présent) bosser constamment, donc je ne peux plus cultiver d'autres intérêts !

— Ça, je comprends bien. Au fait, nous (6) _____ (présent) nous dépêcher. Au boulot !

B. Une petite enquête. Répondez aux questions suivantes avec des phrases complètes.

1. Quelles démarches avez-vous dû faire pour vous inscrire à l'université ?

   _____

2. Que savez-vous sur l'histoire de votre université ?

   _____

3. Combien de cours suivez-vous en général chaque semestre ?

   _____

4. Qu'est-ce que vous devez faire pour réussir dans la plupart de vos cours ?

   _____

5. Connaissez-vous bien vos professeurs ?

   _____

Chapitre 3

Nom _____ Classe _____ Date _____

6. Croyez-vous que les professeurs sont justes en général ?

   _____

7. Quand avez-vous su que vous étiez accepté(e) à l'université ?

   _____

C. **Une jeunesse particulière ?** Béatrice est une jeune fille exceptionnelle. Complétez le paragraphe suivant avec la forme correcte du verbe *savoir* ou *connaître* pour découvrir comment.

Béatrice (1) _____ tout et elle (2) _____ tout le monde ! Ses amis (3) _____ que s'ils ont des questions sur un sujet historique ou social, Béatrice (4) _____ la réponse. S'ils sont perdus, ils l'appellent parce qu'elle (5) _____ très bien toute la ville. S'ils ont besoin de traduction, elle (6) _____ parler plusieurs langues. Aussi, elle (7) _____ bien tous les professeurs et elle (8) _____ où ils habitent!

D. **Probabilité ou nécessité ?** Vous entendez les phrase suivantes et essayez de déterminer si les locuteurs parlent de nécessité (**N**) ou probabilité (**P**).

1. Mireille a raté son cours de biologie. Elle doit être malade. _____

2. Nous devons absolument apprendre le chinois. _____

3. Les étudiants universitaires ont dû faire la grève pour revendiquer leurs droits. _____

4. Mes grands-parents ont dû nous passer un bon tissu génétique. Nous sommes tous beaux et en bonne santé! _____

5. J'ai dû rentrer un peu plus tôt pour préparer le dîner. _____

STRUCTURE III

Pour lier les éléments de la phrase : verbe + infinitif

A. **Pourquoi tout remettre au lendemain ?** Didier a du mal à travailler pour ses classes. Complétez cette description de ses difficultés avec la préposition qui convient ou un Ø pour indiquer qu'il ne faut pas de préposition.

Nom _____ Classe _____ Date _____

Didier n'aime pas trop ⁽¹⁾ _____ écrire les mémoires. Il hésite ⁽²⁾ _____ faire ses recherches, et il préfère ⁽³⁾ _____ complete ses devoirs à la dernière minute possible. Il pense que les étudiants qui réussissent ⁽⁴⁾ _____ écrire de bons mémoires le font vite et sans difficultés, ce qui est faux bien sûr ! Le semaine dernière Didier a décidé ⁽⁵⁾ _____ faire son mémoire pour le cours d'anglais. Il avait l'intention ⁽⁶⁾ _____ commencer très tôt le matin, mais voici ce qui s'est passé. D'abord, il est allé à la papeterie parce qu'il avait oublié ⁽⁷⁾ _____ acheter du papier la veille (*the day before*). Dix minutes plus tard il a dû ⁽⁸⁾ _____ retourner à la papeterie parce qu'il n'avait plus d'encre pour son stylo. « La prochaine fois il va falloir ⁽⁹⁾ _____ faire une liste », s'est-il dit. Une fois à la maison, il avait peur ⁽¹⁰⁾ _____ perdre son temps, alors il a choisi ⁽¹¹⁾ _____ ne pas écrire son brouillon (*rough draft*).

À treize heures il est allé ⁽¹²⁾ _____ prendre un café pour se réveiller et il a vu des amis qui l'ont invité ⁽¹³⁾ _____ jouer au foot avec eux. Après le match, Didier avait très envie ⁽¹⁴⁾ _____ manger, donc il a fait ⁽¹⁵⁾ _____ cuire (*to cook*) un œuf en regardant le journal. Le lendemain, il est arrivé en cours en retard et il a dit au professeur, « Je regrette ⁽¹⁶⁾ _____ ne pas avoir fini mon mémoire. J'ai essayé ⁽¹⁷⁾ _____ le faire mais malheureusement je n'avais pas assez de temps ».

B. Interview. Votre ami(e), qui est professeur de psychologie, vous a demandé de compléter un questionnaire qui détermine certaines attitudes. Répondez avec des phrases complètes.

1. Qu'est-ce que tu hésites à faire ?

   _____

2. Qu'est-ce que tu as peur de faire ?

   _____

3. Qu'est-ce que tes parents refusent de faire pour toi ?

   _____

4. Qu'est-ce que tu oublies souvent de faire ?

   _____

Chapitre 3

Nom _____ Classe _____ Date _____

5. Qu'est-ce que tu détestes faire ?

   _____

6. Qu'est-ce que tu as besoin de faire plus souvent ?

   _____

STRUCTURE IV

Pour poser une question : l'adjectif interrogatif quel *et le pronom interrogatif* lequel

A. **Interrogatoire.** Vous venez de déménager dans une chambre de la résidence universitaire sur le campus de l'université de Montréal où vous allez étudier le français pour un semestre. Vous avez beaucoup de questions à poser à votre camarade de chambre qui est là depuis un semestre déjà. Employez une forme de **quel** pour lui poser au moins six questions. Vous pouvez choisir les sujets suivants ou d'autres : l'horaire des cours; les restaurants près du campus (meilleur, moins cher, etc.); les activités (films, sports, etc.); le niveau des autres étudiants dans le programme; les formulaires à remplir; les professeurs (sévères, sympa, etc.); les livres à acheter; la date des examens.

1. _____
2. _____
3. _____
4. _____
5. _____
6. _____

B. **Par-ci, par-là.** Vous entendez les conversations suivantes dans la cité universitaire. Complétez-les avec la forme correcte du pronom **lequel**.

   1. ANNE   Tu as fini tes devoirs ?

      MARC   _____ ?

      ANNE   Les devoirs pour le cours de français !

   2. MARC   Je déteste cette salle de classe.

      MARIE-LYNE   _____ ?

Nom _____ Classe _____ Date _____

	MARC	La salle qui n'a pas de fenêtres.
3.	ÉLISE	Tu n'as pas vu mes formulaires ?
	CAROLINE	_____ ?
	ÉLISE	Les formulaires que j'ai laissés sur le bureau en entrant.
4.	CAMILLE	Tu as vu mes photos ?
	STÉPHANE	_____ ?
	CAMILLE	Celles que j'ai fait prendre pour mon passeport.
	STÉPHANE:	Oui, oui, je les ai vues.

Journal

Dans ce chapitre, vous avez analysé certains aspects du système d'enseignement français. Comparez-les avec le système d'enseignement américain. Qu'est-ce que vous préférez dans le système français ? Et dans le système américain ? Quel système semble le plus rigoureux ? Juste ? Écrivez vos réflexions dans votre journal, selon les indications de votre professeur.

À votre tour

Quel est le rôle de l'université, selon vous ? Devrait-elle préparer un étudiant à trouver un emploi ? Ou s'agit-il d'une expérience purement intellectuelle ?
Faites les activités suivantes pour enrichir votre expression.

A. **Vos intérêts.** Quelle matière vous intéresse le plus à l'université ? Quelles qualités intellectuelles cette matière exige-t-elle ? Logique ? Précision ? Créativité ? ? ?

B. **Votre avenir.** À quelle carrière vous destinez-vous ? Quelles aptitudes/compétences sont nécessaires pour exercer cette profession ? **Vocabulaire utile** : mémoire, talent, précision, créativité, initiative, aptitude à . . .

C. **Votre programme à l'université.** Quels cours sont obligatoires pour votre spécialisation ? En quoi ces cours vont-ils contribuer à votre formation professionnelle ? À votre épanouissement intellectuel ?

Nom _____ Classe _____ Date _____

Cours	Connaissances/compétences acquises
cours de chimie	*connaissances techniques; précision; concentration*

D. Les activités extra-scolaires. À quelles activités extra-scolaires participez-vous ? Comment ces activités contribuent-elles à votre développement intellectuel/professionnel ?

E. Pour donner votre opinion. Quelles expressions peut-on utiliser pour donner une opinion ? pour dire ce qui est important/essentiel ? pour parler de ce qui n'est pas nécessaire ?

Ébaucher votre plan

Répondez à ces questions pour bien structurer votre composition.

Partie I

Depuis quand êtes-vous à l'université ?
Pourquoi avez-vous choisi cette université ?
Quel est le rôle de l'université, selon vous ?
Votre université vous offre-t-elle la possibilité d'avancer vers vos buts professionnels/intellectuels ? Comment ?

Partie II

Quels cours sont obligatoires pour votre spécialisation ?
Êtes-vous satisfait(e) de ces cours ?
Ces cours répondent-ils à votre conception de l'université ?

Partie III

Qu'est-ce qu'il faut changer à votre université, selon vous ?
Comment ces changements vont-ils améliorer votre formation intellectuelle/professionnelle ?

Écrivez

Écrivez la première version de votre composition. Organisez vos pensées en paragraphes qui ont chacun un seul thème/centre d'intérêt. Faites attention à bien présenter votre point de vue et à le soutenir en formulant des arguments bien précis.

Révisez

Révisez votre première version en tenant compte des commentaires/corrections de votre lecteur.

Nom _____ Classe _____ Date _____

CHAPITRE 4

Perspectives sur l'exil
L'immigration et l'assimilation

MISE EN TRAIN

L'exil. Réfléchissez à une époque de votre vie où vous avez dû quitter votre foyer ou votre famille pour un certain temps (par exemple, pour aller à une colonie de vacances, pour aller à la fac, pour voyager seul(e) pour le première fois). Cochez les mots ou expressions qui décrivent ce que vous avez ressenti à ce moment et ajoutez-en d'autres.

Les émotions :   la tristesse   _____

l'enthousiasme   _____

la peur   _____

la solitude *(loneliness)*   _____

la joie   _____

???

Maintenant faites une liste de tout ce qui vous a manqué (les personnes et les choses).

Ce qui m'a manqué *(what I missed)* **:**   ma mère

la cuisine américaine

_____

_____

_____

_____

_____

_____

Chapitre 4

Nom _____ Classe _____ Date _____

L'immigration. Réfléchissez à l'immigration aux États-Unis. Faites une liste des problèmes attribués aux immigrants et une liste de ce que les immigrants apportent de positif.

Les problèmes : les clandestins

_____

_____

_____

_____

Les bénéfices : la force ouvrière *(work force)*

_____

_____

_____

_____

INTERACTION

AUTREMENT DIT

A. **Raison ou tort ?** Vous discutez politique avec des amis maghrébins. Réagissez à ce que vous les entendez dire. Employez les expressions de **l'Autrement dit**.

1. L'immigration n'est pas un problème aux États-Unis.

_____

2. Il n'y a pas de racisme en France.

_____

3. Il n'y a plus de racisme aux États-Unis.

_____

Nom _____ Classe _____ Date _____

4. Il y a un parti communiste aux États-Unis.

   _____

5. Le parti socialiste n'est pas très important en France.

   _____

6. Le gouvernement joue un rôle important dans l'économie aux États-Unis.

   _____

B. Et vous ? Vos amis maghrébins s'intéressent à votre vision des États-Unis et de la France. Répondez à leurs questions avec des phrases complètes. N'oubliez pas d'employer le vocabulaire de **l'Autrement dit**.

1. À votre avis, quels sont les trois problèmes sociaux les plus graves aux États-Unis en ce moment ?

   _____

   _____

   _____

2. Quel est le problème le plus grave de votre ville ?

   _____

   _____

3. Y a-t-il un seul problème à la base de tous les autres ?

   _____

   _____

4. Est-ce qu'on doit lutter contre la pollution ? Quel doit être le rôle de l'état dans cette lutte ?

   _____

Chapitre 4

Nom _____ Classe _____ Date _____

5. Y a-t-il un problème social aux États-Unis qui est moins grave en ce moment en France, ou vice versa ?

   _____

6. À votre avis, quels sont les problèmes sociaux les plus graves parmi les jeunes aux États-Unis ?

   _____

7. Quels sont les points de vue des partis politiques américains sur l'économie ?

   _____

   _____

C. Un jeu de devinette. Vos amis maghrébins pensent que les Américains n'ont aucune connaissance de la géographie du monde. Ils vous proposent un jeu pour démontrer vos connaissances. Lisez les descriptions suivantes et essayez de deviner de quel pays il s'agit. Un indice (*clue*) pour vous aider: beaucoup d'immigrants en France viennent de ces pays.

1. C'est un pays qui a une frontière avec la Chine. On y parle français mais ce n'est pas la langue officielle.

   _____

2. C'est un pays africain qui est bordé par l'océan Atlantique à l'ouest et la mer Méditerranée au nord. La langue officielle du pays est l'arabe mais le français se parle dans les affaires et l'enseignement. C'est un des rares pays qui est resté une monarchie.

   _____

3. C'est un pays de l'Europe du sud séparé de la France par les Pyrénées. Ce pays a aussi une frontière avec le Portugal. Les immigrants de ce pays n'ont pas l'avantage de déjà parler la langue de leur pays d'accueil.

   _____

4. C'est un pays africain dont la langue officielle est le français. Il est situé entre le Ghana, le Burkina Faso, le Mali, la Guinée et le Libéria. Sa capitale, Abidjan, est une des grandes villes africaines au bord de l'océan Atlantique.

   _____

Nom _____ Classe _____ Date _____

D. Interview. Dieudonné a trouvé du travail à Lyon il y a quelques années. Pour pouvoir envoyer de l'argent à sa famille, il habite dans un petit studio horriblement sale. Mais maintenant, il attend l'arrivée de sa famille d'Haïti et il cherche un appartement plus grand. Complétez le dialogue suivant entre Dieudonné et un agent immobilier. Utilisez les expressions de **l'Autrement dit**.

DIEUDONNÉ   Bonjour Madame. (1) _____

L'AGENT IMMOBILIER Oui, Monsieur. Où habitez-vous en ce moment ?

DIEUDONNÉ   Oh la la ! Ne m'en parlez pas ! C'est (2) _____

L'AGENT IMMOBILIER Et maintenant est-ce que vous cherchez quelque chose à (3) _____ ou à (4) _____.

DIEUDONNÉ   J'ai un bon poste à l'usine (*factory*) mais je n'ai pas encore assez d'économies _____ (*savings*) pour (5) _____.

L'AGENT IMMOBILIER Alors, il vous faudra un appartement de combien de pièces ?

DIEUDONNÉ   Et bien, il faudra (6) _____ pour ma femme et moi. Et puis nous avons deux garçons et une fille. Le garçons peuvent partager. Donc je dirais qu'un (7) _____ nous suffira. Bien sûr, il faut une grande (8) _____ parce que ma femme aime préparer des plats de notre pays. Nous recevons toujours beaucoup d'amis alors, il faut aussi une (9) _____ spacieuse et une (10) _____ pour y mettre une grande table et beaucoup de chaises autour.

L'AGENT IMMOBILIER Je crois que j'ai ce que vous cherchez. Un appartement très (11) _____ dans un quartier assez calme mais pas loin de l'école pour les enfants. Il est (12) _____ parce que les hivers peuvent être durs quelquefois et les (13) _____ sont (14) _____ donc vous ne devez pas vous inquiétez des factures _____ (*bills*) séparées pour l'eau et l'électricité.

Chapitre 4

Nom _____ Classe _____ Date _____

DIEUDONNÉ   Ma femme aime avoir de la place pour ranger toutes ses affaires et celles des enfants, alors, il nous fait aussi beaucoup de (15) _____ pour les vêtements et de (16) _____ pour les autres choses.

L'AGENT IMMOBILIER   Pas de problème ! Vous voulez voir l'appartement tout de suite ?

E. Chez moi. Écrivez une description de votre premier appartement ou chambre universitaire. Utilisez le vocabulaire de **l'Autrement dit**.

_____

_____

_____

ÉTUDE DE VOCABULAIRE

A. Une journée dans la vie d'une immigrée. Malika Benchaya raconte une journée dans sa vie d'immigrante. Complétez le paragraphe avec la forme correcte d'un des verbes suivants : *sortir, partir, quitter* or *laisser*.

D'habitude je (1) _____ de chez mois vers 7 h 30 pour aller au bureau mais hier j'ai (2) _____ la maison à 7 h 45. J'étais en retard ! Quand je suis arrivée au bureau mon patron était déjà (3) _____ pour une réunion en ville et je devais lui parler. Toute la journée j'ai essayé de le trouver mais il n'avait pas (4) _____ de numéro de téléphone. Finalement, il est rentré en fin d'après-midi et j'ai pu lui parler. J'avais besoin d'une demi-journée de congé pour faire des démarches pour obtenir un visa pour ma mère qui est restée à Tunis. Je suis très triste parce que tout le monde l'a (5) _____ toute seule maintenant que mon frère est (6) _____ faire des études aux États-Unis. En (7) _____ du boulot, j'ai rencontré une amie algérienne qui m'a proposé d'aller prendre un café avant de rentrer. Elle avait besoin de parler parce que son petit ami venait de la (8) _____ et elle était déprimée. Bien sûr j'ai accepté mais après j'ai dû courir parce que je ne voulais pas être en retard pour mon rendez-vous avec Georges. Il m'avait invitée à (9) _____ avec ses copains. Ouf ! Quelle journée !

Nom _____ Classe _____ Date _____

GRAMMAIRE DE BASE

Verbe + préposition

A. **Conseils.** Driss, un jeune Marocain, a décidé d'immigrer en Belgique. Ses parents lui donnent des conseils avant son départ. Complétez les phrases avec **à, de, sur, avec**, ou **Ø** s'il ne faut pas de préposition.

1. Écris-nous si tu as besoin _____ argent.

2. Tu peux compter _____ nous.

3. Cherche _____ un appartement avant de commencer le boulot.

4. Écoute _____ ton patron !

5. Rends _____ visite _____ nos cousins à Mons.

6. Ne dis pas _____ ton frère que nous t'avons prêté l'argent du voyage.

7. Nous savons que tu es amoureux _____ ta copine Aïcha.

8. Mais ne te marie pas _____ elle avant d'avoir épargné (*to save*) un peu d'argent !

STRUCTURE I

Pour faire référence à un élément du discours déjà mentionné : les compléments d'objet direct et indirect

A. **Qu'est-ce que je dois faire ?** Saïd Boutaleb est au bureau des Allocations familiales. Il essaie de compléter des formulaires de demande. Jouez le rôle du fonctionnaire et répondez à ses questions selon les indications entre parenthèses. Utilisez des pronoms d'objet direct ou indirect si possible.

1. Qu'est-ce que je dois faire avec ce formulaire ? (remplir)

   _____

2. Est-ce que je dois montrer ma carte d'identité à ce monsieur ? (oui)

   _____

Chapitre 4

Nom _____ Classe _____ Date _____

3. Est-ce que vous avez reçu mes documents ? (non, pas encore)

   _____

4. Est-ce que vous voulez voir les extraits de naissance (*birth certificates*) de mes enfants ? (oui, donner [imperative])

   _____

5. Est-ce que ma femme doit venir aussi ? (non, [*negative imperative*] déranger)

   _____

6. J'ai oublié les photos ! (aller chercher)

   _____

7. Quand est-ce que nous allons recevoir la première allocation ? (dans un ou deux mois)

   _____

8. Est-ce que je peux annoncer cette nouvelle à mes parents ? (non, pas encore)

   _____

B. L'interrogatoire. Saïd est rentré chez lui est sa femme, Leïla, veut savoir tout ce qui s'est passé. Complétez le dialogue en utilisant des pronoms d'objet direct ou indirect autant que possible.

LEÏLA	Bonjour chéri ! Comment ça s'est passé ? Tu as parlé au fonctionnaire du bureau des Allocations familiales ?
SAÏD	Oui, je (1) _____
LEÏLA	Qu'est-ce qu'il t'a dit ?
SAÏD	Il (2) _____ que nous allions recevoir la première allocation dans un ou deux mois.
LEÏLA	C'est long ! Est-ce que tu avais tous les documents ?
SAÏD	Oui, bien sûr ! Je (3) _____ tous !

LEÏLA	Est-ce que tu dois demander d'autres documents à tes parents ?	
SAÏD	Non, je ⁽⁴⁾ _____ (rien).	
LEÏLA	Est-ce que le fonctionnaire veut me voir aussi ?	
SAÏD	Non, il n'a pas besoin de ⁽⁵⁾ _____.	
LEÏLA	Tu lui as donné la photo des enfants ?	
SAÏD	Oui, je ⁽⁶⁾ _____ au monsieur.	
LEÏLA	Alors, il n'y a plus qu'à attendre !	

STRUCTURE II

Pour faire référence à un élément du discours déjà mentionné : les pronoms y *et* en*; les pronoms toniques après les prépositions*

A. Tu n'as pas oublié ? Driss, qui vient d'arriver en Belgique, reçoit un coup de téléphone de sa fiancée Aïcha qui est restée au Maroc. Écrivez les réponses de Driss en employant des pronoms d'objet autant que possible.

1. Tu est bien arrivé à Bruxelles ?

   Oui, _____

2. Tu as voyagé avec tes amis ?

   Non, _____

3. Alors, tu as trouvé un appartement ?

   Non, _____

4. Est-ce que tu habites avec les cousins ?

   Oui, _____

5. Est-ce que tu leur as parlé de moi ?

   Oui bien sûr, _____

Chapitre 4

Nom _____ Classe _____ Date _____

6. Est-ce que tu as besoin d'argent ?

   Non, _____

7. Tu vas obéir aux lois de la Belgique, n'est-ce pas ?

   Oui, _____

8. Tu penses à ton pays ?

   Eh, oui _____

9. Et tu ne penses pas à ta petite amie (*Aïcha herself*) ?

   Mais si, _____ constamment.

10. Tu vas travailler dur n'est-ce pas ?

    Oui, je veux rendre ma famille fière de _____.

B. Les étudiants et la politique. Répondez aux questions suivantes avec des phrases complètes.

1. Êtes-vous membre d'un parti politique ?

   _____

2. Suivez-vous les nouvelles nationales ? Et les nouvelles internationales ?

   _____

3. Pensez-vous qu'il faut des lois plus strictes contre l'immigration ?

   _____

4. Y a-t-il des réunions politiques à votre université ? Assistez-vous à ces réunions ?

   _____

5. Comptez-vous sur vos délégués au Congrès pour effectuer des changements ?

   _____

Nom _____ Classe _____ Date _____

6. Avez-vous peur de la corruption des politiciens ?

   _____

7. En général, êtes-vous d'accord ou pas d'accord avec le Président ?

   _____

GRAMMAIRE DE BASE

L'imparfait et les adjectifs possessifs

A. Des excuses. Hier, Ahmed devait empaqueter ses affaires parce qu'il retourne en Mauritanie. Il a beaucoup à faire mais aucun de ses amis ne peut l'aider. Voici quelqu-unes de leurs excuses. Mettez les verbes entre parenthèses à **l'imparfait** pour dire ce que les amis d'Ahmed faisaient.

1. Moi, je _____ (être) fatigué(e), et je _____ (avoir) mal à la tête. Je _____ (essayer) de dormir.

2. Les Benchekroun _____ (manger) chez les Bordier.

3. Nous _____ (nager) et _____ (jouer) au volley à la plage.

4. Robert _____ (faire) les courses.

5. Rachid _____ (aller) au centre commercial avec Rafika.

6. Marie _____ (acheter) de nouvelles chaussures pour la fête de Halima.

7. Halima _____ (nettoyer) son appartement.

B. Possessions. Halima a fait une soirée d'adieu pour Ahmed chez elle samedi, et dimanche matin elle trouve tout ce que ses invités ont laissé dans son appartement. Complétez les phrases avec la forme correcte de **l'adjectif possessif**.

1. Didier et Philippe ont laissé _____ cassettes.

2. Nadia a laissé _____ blouson.

3. Rachid a laissé _____ veste.

Chapitre 4

4. Marie-Noël et Roland ont laissé _____ chien !

5. Latifa a laissé _____ lunettes de soleil.

6. David et moi, nous avons laissé _____ livres et _____ parapluie.

7. Et moi, j'ai laissé _____ clés.

STRUCTURE III

Pour décrire au passé : l'imparfait

A. Les temps ont changé. Le père de Bulent raconte à son fils sa vie quand il est arrivé à Avolsheim. Conjuguez les verbes entre parenthèses à **l'imparfait**.

1. Quand je suis arrivé, le village _____ (ne pas avoir) de magasins d'alimentation.

2. Mon frère et moi nous _____ (ne pas parler) français.

3. Je _____ (travailler) dur. Je _____ (commencer) ma journée tôt le matin et je _____ (finir) tard le soir.

4. Les gens du village _____ (ne pas nous comprendre). Ils _____ (ne pas vouloir) faire leurs courses chez nous.

5. Tu _____ (vivre) en Turquie avec ta mère et je _____ (être) très seul.

6. Je _____ (dépenser) très peu pour moi parce que je _____ (faire) des économies.

7. Mon frère et moi _____ (habiter) un tout petit studio.

8. Quand nous avons épargné assez d'argent, toi et ta mère, vous êtes venus nous rejoindre. Le jour où vous êtes arrivés, il _____ (pleuvoir) mais c(e) _____ (être) une belle journée pour moi !

B. L'enfance. Parlez de votre enfance en répondant aux questions suivantes.

1. Qu'est-ce que tu refusais de manger quand tu étais petit(e) ?

_____

Nom _____ Classe _____ Date _____

2. Quels livres est-ce que tu aimais ?

   _____

3. De quoi avais-tu peur ?

   _____

4. Quels disques écoutais-tu ?

   _____

5. Quels disques les adultes que tu connaissais écoutaient-ils ?

   _____

6. Aimais-tu les chiens ou les chats ?

   _____

C. **La maison de mon enfance.** Votre ami(e) français(e) voudrait en savoir plus au sujet des maisons et logements américains typiques. Décrivez-lui la maison de votre enfance. Utilisez l'imparfait et le vocabulaire de **l'Autrement dit**.

   _____

   _____

   _____

   _____

   _____

STRUCTURE IV

Pour exprimer la possession : les pronoms possessifs

A. **Des comparaisons.** À la terrasse d'un café, vous entendez une série de conversations. Tout le monde semble comparer son logement. Complétez les phrases avec le **pronom possessif** qui convient.

1. Tu peux me prêter ton appartement ce weekend ? J'ai invité beaucoup d'amis et il n'y a pas assez de

   place dans _____ (mon appartement).

Chapitre 4

Nom _____ Classe _____ Date _____

2. Je ne sais pas si je vais donner mon adresse ou celle de mes parents à cet homme. _____ (l'adresse de mes parents) est plus impressionante mais _____ (mon adresse) est plus facile à trouver.

3. Où est-ce que tu as trouvé tes meubles ? _____ (mes meubles) sont lourds et démodés, tandis que _____ (tes meubles) sont modernes et légers.

4. Vous pensez que votre femme de ménage pourrait faire le ménage chez nous samedi ? _____ (votre femme de ménage) est si responsable, et _____ (notre femme de ménage) est rentrée au Portugal.

5. Je préfère mon jardin à celui de mon amie. _____ (le jardin de mon amie) et laid et sombre tandis que mon jardin est absolument parfait.

Journal

Analysez bien ces trois tracts politiques. Selon vous, ces tracts représentent la plateforme de quels partis politiques ? Quels partis politiques/groupes soutiendraient ces points de vue aux États-Unis ? Quels points de vue représentent le plus vos tendances politiques ? Écrivez vos réflexions dans votre journal, selon les indications de votre professeur.

Nom _____ Classe _____ Date _____

**PROPOSITIONS
UR LA FRANCE**

L'emploi prioritaire. Le ogrès social comme itère de développement conomique.

. Les acquis sociaux ne sont as un luxe mais une écessité. L'expérience le montre.

3. La croissance doit aller de pair avec l'environnement.

4. L'expression des intéressés eux-mêmes, des salariés, est un gage d'efficacité.

5. La construction européenne doit être démocratisée.

6. Le développement ne peut être pensé en laissant le tiers monde dans la misère.

LE SOCIALISME ÇA SUFFIT!

- *4,5 MILLIONS DE CHÔMEURS*
- *4 MILLIONS DE DÉLITS DE CRIMES*
- *7 MILLIONS D'IMMIGÉS*
- *500 000 SANS-ABRI!*
- *500 000 SÉROPOSITIFS*

ECOLOGISTES, ATTENTION DANGER!

Partout où écologistes, sont élus, ils veulent augmenter les impôts, encourager l'immigration et persécuter les automobilistes. Dans les régions, ils se vendent toujours au plus offrant : en Lorraine a l'UDF, dans le Nord au PS, en Ile-de-France au RPR.

RPR-UDF, ILS VOUS TROMPENT!

ILS VOUS DISENT...	**EN RÉALITÉ...**
Qu'ils sont contre l'Immigration	Avec le PS et le PC, le RPR et l'UDF ont voté carte de séjour de 10 ans renouveable pir les immigres.
Qu'ils vont réformer le Code de la Nationalité.	Ils l'avaient déjà promis en 1986, ils n'en ont rien fait.
Qu'ils vont rétablir	Les élus du RPR et de l'UDF se refusent encore aujourd'hui à rétablir la peine de mort.
Qu'ils vontsauver l'agriculture.	Le RPR et l'UDF ont approuvé la PAC 92 et ont dit OUI au Traité de Maastricht.

Pour l'homme: Les conventions internationales doivent veiller à ce que les aspirations narutalles et fondamentales de lêtre human soient respectés.
Cela suppose: La création d'un Temps Minimun de Travial Garanti, l'accès généralisé à la propriété, une nouvelle répartition des richesses et un renouveau des valeurs spirituelles.

Pour a Nature: Dans tous les secteurs d'activités techniques, csientifique et industrielles, les Etats doivent prévoir l'existence d'organismes écologiques de contrôle, disposant du droit de veto, Ainsi, tout risque de pollution sera écarté.

Pour les Animaux: Interdiction de la vivisection, pratiquée uniquement pour des questions d'argent. Amélioration de leurs conditions d'existence. Lutte contre les abus de la chasse, les corridas, les massacres dans les abattoirs, les abandons et les mauvais traitements.

À votre tour

Pour cette composition, vous allez interviewer quelqu'un qui a dû faire face à une nouvelle situation culturelle. Quelles étaient ses expériences ? Comment s'est-il/elle adapté(e) ?

Enrichissez vore expression

A. Identifiez. D'abord, identifiez la personne que vous allez interviewer. Est-ce un immigrant récemment arrivé ou un étranger qui habite dans votre communauté depuis longtemps ? Est-ce un étudiant d'échange ou est-ce un étudiant d'une autre région du pays qui vient d'arriver sur le campus ?

B. Les questions. Pour chacune des catégories suivantes, pensez à deux ou trois questions que vous aimeriez poser à cette personne.

- décision de changer de pays, région, situation
- impressions
- adaptation
- état d'esprit
- avenir

Écrivez

Interviewez la personne choisie en prenant des notes. Ensuite, organisez votre composition en paragraphes selon les catégories établies dans l'exercice précédent. Rapportez les expériences et les impressions de l'interviewé en ajoutant votre propre perspective : selon vous, cette personne a-t-elle pris une bonne décision quand elle a décidé de changer de pays ou de région ? Comment sera son avenir ? Faites un portrait vivant de cette personne.

Révisez

Révisez votre première version en tenant compte des commentaires/corrections de votre lecteur.

Nom _____ Classe _____ Date _____

CHAPITRE 5

Révélations audiovisuelles
Les médias et les valeurs

MISE EN TRAIN

Les médias. Réfléchissez au rôle des médias dans votre vie et répondez brièvement aux questions suivantes.

1. Quels sont les rôles des médias ? Indiquez l'ordre d'importance pour vous, 1 étant le plus important, etc.

    - __3__ informer / instruire sur les États-Unis
    - __2__ informer / instruire sur le monde
    - __1__ distraire / amuser
    - __5__ transmettre des valeurs culturelles
    - __4__ transmettre des valeurs morales
    - __6__ ??? les autres choses?

2. Quels médias vous ont influencé le plus ?

    - __3__ la télévision
    - __5__ le cinéma
    - __2__ la musique
    - __4__ la presse
    - __1__ Internet
    - __6__ ??? les reseaux sociales?

INTERACTION

AUTREMENT DIT

A. **Une invitation.** À une soirée, vous entendez une conversation entre un jeune homme et une jeune femme. Complétez les parties manquant à la conversation avec le vocabulaire de **l'Autrement dit**.

   LE JEUNE HOMME   Madeleine, _____ ?

   LA JEUNE FEMME   Oui, pourquoi ?

LE JEUNE HOMME	_____.
LA JEUNE FEMME	Je ne sais pas. Ça dépend du film . . .
LE JEUNE HOMME	Quelle sorte de film est-ce que tu aimes ?
LA JEUNE FEMME	_____.
LE JEUNE HOMME	Je crois qu'on passe un film de _____.
LA JEUNE FEMME	Oh oui, _____.
LE JEUNE HOMME	Et après le film, _____ au nouveau restaurant vietnamien ?
LA JEUNE FEMME	_____ parce que je suis au régime, et puis je dois me lever tôt demain matin. Peut-être une autre fois.
LE JEUNE HOMME	Bon, alors on se retrouve ici à huit heures ce soir ?
LA JEUNE FEMME	D'accord, à ce soir !

B. Les films. Vous trouvez une enquête sur le cinéma dans un magazine québécois. Répondez aux questions en utilisant le vocabulaire de l'**Autrement dit** autant que possible.

1. Allez-vous souvent au cinéma ou préférez-vous regarder les films chez vous ?

   _____

2. Quel est le dernier film que vous avez vu au cinéma ?

   _____

3. C'était quel genre de film ?

   _____

4. Vous êtes allé(e) à quelle séance ?

   _____

5. Vous avez payé combien la place ?

   _____

Nom _____ Classe _____ Date _____

6. Est-ce que le film était interdit aux moins de 18 ans ?

   _____

7. C'était un film étranger ?

   _____

8. Préférez-vous les films étrangers en v.o. ou doublé ?

   _____

C. **Profil d'un mélomane** *(a music lover)*. Un(e) ami(e) qui s'intéresse à la culture populaire vous pose des questions sur vos goûts musicaux. Complétez ce que vous lui dites avec le vocabulaire de **l'Autrement dit** et le nom de musiciens et groupes que vous connaissez.

1. Moi, je suis _____ de toutes sortes de musique.

2. Mais je trouve que _____, c'est de la musique pour les vieux.

3. Dans la musique _____, Chopin est mon _____ préféré.

4. _____ est un chanteur/une chanteuse célèbre qui est sexy mais sans talent.

5. _____ ne sait même pas chanter.

6. La musique ? J'aime _____ mais je n'apprécie pas trop _____ parce que _____.

GRAMMAIRE DE BASE

Les verbes *mettre*, *ouvrir*, et *tenir* + composés; les expressions temporelles; les adverbes

A. **Un navet.** Sophie vous a envoyé un message électronique au sujet de sa sortie avec Nourredine. Complétez son message avec un verbe de la liste. Le temps du verbe est indiqué entre parenthèses. Chaque verbe ne peut s'utiliser qu'une seule fois et vous n'aurez pas besoin de tous les verbes.

admettre, appartenir, découvrir, commettre, maintenir, obtenir, ouvrir, permettre, promettre, retenir

Mon copain Nourredine m(e) [1] _____ (plus-que-parfait) d'aller au cinéma avec moi ce weekend, alors nous sommes allés voir un film policier dont je [2] _____ (passé composé [ne... pas]) le titre. C'est une

Chapitre 5

histoire un peu simpliste. Une jeune femme ⁽³⁾ _____ (passé composé) un vol mais elle refuse de l(e) ⁽⁴⁾ _____ (infinitif). Le commissaire de police ⁽⁵⁾ _____ (présent) les bijoux volés dans son sac quand elle l(e) ⁽⁶⁾ _____ (présent) pour montrer sa carte d'identité. Malgré la preuve, elle ⁽⁷⁾ _____ (présent) son innocence. Finalement, après de très longues conversations, le commissaire ⁽⁸⁾ _____ (présent) une confession de quelqu'un d'autre et apprend le nom de la personne à qui ⁽⁹⁾ _____ (présent) les bijoux. Le film se termine sur un baiser entre le commissaire et la jeune femme. Désolée, je n'ai pas très bien raconté l'histoire mais ce n'était pas un très bon film de toute façon !

B. Pas de chance ! Vous répondez au message de Sophie en lui racontant ce que vous faites pour éviter d'étudier. Complétez le message avec une des expressions de temps entre parenthèses.

1. _____, je passe le week-end à étudier. (d'habitude / tout de suite après)

2. Mais _____, j'ai décidé de faire quelque chose d'amusant. (la semaine dernière / tout le temps)

3. _____, j'ai téléphoné à mon amie, Élise, mais elle travaillait. (en même temps / alors)

4. _____, j'ai essayé de contacter mes amis Sarah et Thierry. Pas de chance, j'ai eu leur répondeur. (fréquemment / ensuite)

5. _____, je suis passé(e) voir ma mère, qui n'était pas là. (enfin / hier)

6. _____, je me suis décidé(e) à étudier après tout. (à la fin / toujours)

C. Une recommandation. Un de vos professeurs voudrait savoir si votre ami François est un bon étudiant. Répondez à ses questions en utilisant l'adverbe qui correspond à l'adjectif entre parenthèses.

1. Comment François répond-il aux questions ? (poli)

   _____

2. Comment est-ce qu'il écoute ses professeurs ? (patient)

   _____

3. Comment est-ce qu'il travaille ? (sérieux)

4. Comment est-ce qu'il étudie ? (constant)

D. **Comparaison.** Votre professeur a besoin de renseignements plus spécifiques au sujet de François. Il vous demande de le comparer à d'autres étudiants. Écrivez des phrases complètes avec les éléments donnés. Changez les adjectifs en adverbes.

1. François parle anglais / plus / bien / moi.

2. Martin / ne travaille pas / aussi / diligent / lui.

3. Les autres étudiants écoutent / moins / attentif / lui.

4. Il écrit / plus / soigneux / tous les autres.

STRUCTURE I

Pour narrer au passé : les temps du passé (suite/résumé)

A. **Une vedette dans notre ville !** Micheline vient de rentrer du supermarché où elle a fait une rencontre intéressante. Elle téléphone à sa copine pour la lui raconter. Refaites sa conversation au téléphone avec des phrases plus longues. Les verbes seront au **passé composé** et à **l'imparfait**, liés par la conjonction **quand**.

    Modèle : Je fais le lit. Le facteur arrive avec un paquet.

    Je faisais le lit quand le facteur est arrivé avec un paquet.

1. Mon fils Philippe et moi, nous allons au supermarché. Il commence à pleuvoir.

Chapitre 5

Nom _____ Classe _____ Date _____

2. À la caisse, je cherche mon argent. Mon fils casse une bouteille de lait. Quel désastre !

   _____

3. Je rougis et fais mes excuses à la caissière. Une vedette (*a movie star*) entre dans le magasin.

   _____

4. Je fais semblant (*pretend*) de ne pas la remarquer. Elle me dit, « Il est tellement mignon, votre enfant. » Tu t'imagines ma surprise !

   _____

5. En fait, elle est dans notre ville depuis trois semaines. Elle ose (*dare*) finalement faire ses courses au centre ville.

   _____

6. Nous parlons comme de vieilles amies. Je remarque qu'il est presque l'heure du dîner.

   _____

7. J'essaie de l'inviter à dîner chez nous. Elle disparaît. Quel dommage !

   _____

B. Circonstances. Un(e) ami(e) vous téléphone pour savoir comment s'est passée votre soirée. Racontez-lui votre soirée en utilisant les circonstances données ci-dessous. Mettez le verbe souligné à **l'imparfait** et finissez la phrase. Les cinq phrases racontent les événements de la même soirée, c'est à vous d'inventer les interruptions.

    Modèle :   Hier soir, j'<u>ai écrit</u> un mémoire.

                      J'ecrivais mon mémoire quand le téléphone a sonné.

1. J'<u>ai parlé</u> à mon ami.

   _____

2. Nous <u>sommes allés</u> au cinéma.

   _____

3. Nous <u>avons acheté</u> du popcorn.

   _____

76   *Ouvertures* Workbook

Nom _____ Classe _____ Date _____

4. Nous <u>avons regardé</u> le film.

_____

5. Après le film nous <u>sommes rentrés</u> chez moi.

_____

C. Un souvenir de vacances. Catherine vous parle de quelqu'un qu'elle a rencontré pendant ses vacances. Complétez son histoire avec le verbe entre parenthèses. Choisissez le temps du passé qui convient : **plus-que-parfait**, **imparfait** ou **passé composé**.

C(e) (1) _____ (être) il y a deux ans. Je (2) _____ (se trouver) dans un petit village charmant que mon amie Martine me (3) _____ (recommander). Un jour, j(e) (4) _____ (aller) _____ voir une église romane qui (5) _____ (être) magnifique. Là j(e) (6) _____ (voir) un jeune homme et je lui (7) _____ (parler) pendant longtemps. J(e) (8) _____ (dire) que j(e) (9) _____ (aimer) son village, mais que je ne (10) _____ (pouvoir) pas y habiter parce que c(e) (11) _____ (être) trop calme. Lui, il (12) _____ (répondre) qu'il (13) _____ (préférer) cette vie tranquille parce qu'il en (14) _____ (profiter) pour écrire ses romans.

D. Un classique du cinéma français. Vous venez de regarder un film classique du cinéma français, *Les Parapluies de Cherbourg*. Vous racontez l'histoire à vos camarades de classe. Complétez le texte avec la forme correcte du verbe entre parenthèses. Choisissez le temps du passé qui convient : **imparfait**, **passé composé** ou **plus-que-parfait**.

Hier soir, j(e) (1) _ai vu_ (voir) un classique du cinéma français. C(e) (2) _était_ (être) très bizarre d'abord parce que personne ne (3) _parlait_ (parler) mais tous les acteurs (4) _chantaient_ (chanter) tous les dialogues. Comme l'histoire se (5) _passait_ (passer) à Cherbourg, il (6) _pleuvait_ (pleuvoir) pendant tout le film ! C(e) (7) _était_ (être) une histoire romantique et triste. Il y (8) _avais_ (avoir) deux jeunes gens, Geneviève et Guy, qui (9) _habitaient_ (habiter) à Cherbourg. Guy (10) _____ (avoir) 20 ans et (11) _____ (travailler) dans un garage. Geneviève qui (12) _____ (avoir / ne... que) 16 ans, (13) _____ (aider) sa mère dans son magasin de parapluies. La mère de Geneviève (14) _____ (ne pas vouloir) qu'elle sorte avec Guy. Mais les deux jeunes gens se rencontraient en cachette. Malheureusement, un jour, Guy (15) _a reçu_ (recevoir) une lettre qui (16) _____ (annoncer) le

Chapitre 5

Nom _____ Classe _____ Date _____

début de son service militaire. Geneviève et Guy (17) _____ (passer) une dernière soirée ensemble. Geneviève (18) _a promis_ (promettre) d'attendre le retour de Guy et de l'aimer toujours. Le lendemain Guy (19) _est parti_ (partir) pour l'Algérie. Après son départ, Geneviève (20) _____ (découvrir) qu'elle (21) _attendais_ (attendre) un enfant. Alors, pour éviter le scandale, sa mère l(a) (22) _____ (persuader) d'épouser Roland Cassard, un homme plus âgé, qu'elle (23) _avait_ (rencontrer) au magasin. Quand Guy (24) _____ (rentrer) de son service militaire, il (25) _____ (apprendre) que Geneviève (26) _____ (épouser) un autre homme et (27) _était_ (partir) vivre à Paris. Bien sûr, il était très triste. Finalement, Guy (28) _____ (épouser) une amie d'enfance et (29) _____ (ouvrir) une station service. Quelques années plus tard, par hasard, Geneviève (30) _____ (entrer) dans la station service avec sa petite fille, Françoise. Guy (31) _____ (dire) à Geneviève qu'il (32) _____ (être) très heureux avec sa femme et son petit garçon. Fin !

STRUCTURE II

Pour narrer : les adverbes

A. Bien manger pour mieux vivre. Vous venez de trouver un article formidable sur la nutrition dans un magazine français mais certains mots ont été effacés (*erased*). Complétez le texte en plaçant l'adverbe qui correspond à l'adjectif entre parenthèses dans chaque phrase.

1. Si vous voulez bien manger, <u>composez</u> vos menus quotidiens. (intelligent)

   _____

2. Les personnes qui <u>mangent</u> ont souvent mal au cœur. (vite)

   _____

3. <u>Choisissez les</u> aliments qui font partie d'un régime équilibré. (soigneux)

   _____

4. Vous pouvez <u>manger</u> tous les légumes que vous aimez. (confiance)

   _____

Nom _____ Classe _____ Date _____

5. Le taux du cancer du colon est très élevé chez les individus qui <u>mangent</u> de la viande rouge. (quotidien)

   _____

6. Si vous vous <u>dépensez</u>, prenez des aliments riches en hydrates de carbone. (physique)

   _____

7. Ce n'est pas une bonne idée de <u>manger</u> avant de se coucher. (énorme)

   _____

8. C'est une bonne idée de prendre du lait <u>écrémé</u> (*skim*). (partiel ou entier)

   _____

B. Interview. Un ami suisse est très curieux au sujet des habitudes des cinéphiles (*moviegoers*). Répondez à ses questions avec des phrases complètes.

1. De tous vos amis, qui va au cinéma le plus souvent ?

   _____

2. Connaissez-vous un acteur ou une actrice célèbre qui chante faux ? Qui ? À votre avis, est-ce qu'il / elle joue bien quand même dans ses films ?

   _____

3. Est-ce que les billets de cinéma coûtent cher dans votre ville ?

   _____

4. Sortez-vous avec plaisir avec des amis ?

   _____

5. Quel film est-ce que vous allez sûrement voir l'été prochain ?

   _____

Chapitre 5

Nom _____ Classe _____ Date _____

C. Il était une fois. Vous écrivez un scénario pour un film. Écrivez un paragraphe d'au moins six phrases pour résumer l'intrigue (*plot*). Vous pouvez vous servir des éléments ci-dessous ou d'autres de votre choix. Utilisez les temps du **passé** et au moins **six adverbes**.

Verbes	Adverbes
aimer	heureusement / malheureusement
aller	souvent
avoir	en colère
découvrir	ici / là-bas
embrasser	assez
être	profondément
faire	quelquefois
promettre	toujours
quitter	vraiment
rentrer	mal
sentir mauvais/bon	patiemment
sortir	déjà
???	???

_____
_____
_____
_____
_____
_____
_____
_____
_____

GRAMMAIRE DE BASE

La conjugaison des verbes pronominaux; la forme et la fonction des pronoms interrogatifs

A. La routine quotidienne. Lors d'une réunion de « supermamans », Mme Seffraoui se plaint de sa routine quotidienne. Complétez ce qu'elle dit avec le présent des verbes entre parenthèses.

Nom _____ Classe _____ Date _____

1. Chez nous, c'est toujours la même chose. Les enfants _____ (se coucher) trop tard et ils _____ (se lever) avec difficulté.

2. Puis, les adultes _____ (se dépêcher) parce qu'ils sont en retard.

3. Mon mari _____ (se raser) et je _____ (se brosser) les dents à toute vitesse.

4. Les enfants _____ (s'habiller) lentement parce qu'ils n'arrivent pas à se réveiller.

5. Et moi, je _____ (se sentir) fatiguée dès le début de ma journée !

B. Allez les enfants ! Imaginez les ordres que Mme Seffraoui donne à ses enfants, Nadia et Mustafa, ou à son mari Omar, tous les matins et tous les soirs. Utilisez des **impératifs** et au moins **deux négatifs**.

1. _____
2. _____
3. _____
4. _____
5. _____

C. Encore des questions ! Vous vous intéressez aux goûts musicaux de votre correspondant sénégalais. Complétez les questions que vous lui posez avec le **pronom interrogatif** qui convient.

1. _____ tu écoutes le plus souvent comme musique ?

2. _____ tu aimerais voir en concert comme chanteur ou chanteuse ?

3. Le dernière fois que tu as écouté de la musique classique, _____ t'a impressioné le plus comme compositeur ?

4. _____ te plaît le plus, le jazz ou le rock ?

Chapitre 5

Nom _____ Classe _____ Date _____

STRUCTURE III

Pour narrer au présent : les verbes pronominaux

A. Le départ. Vous parlez d'une amie commune avec votre camarade de chambre. Choisissez le verbe qui convient pour compléter chaque phrase. Faites attention à la forme du verbe.

1. Sarah _____ (aller / s'en aller) en Belgique cet automne.

2. Ce n'est pas vrai! Elle _____ (aller / s'en aller) ?

3. Je _____ (douter / se douter) que c'est pour rejoindre son copain Thierry. Il lui manque beaucoup.

4. Ils _____ (entendre / s'entendre) bien, mais ils _____ (mettre / se mettre) à _____ (douter / se douter) qu'ils puissent réussir leur vie de couple constamment séparés comme ça.

5. Mais comment Sarah va-t-elle _____ (se moquer / se débrouiller) sans boulot ? Elle va _____ (ennuyer / s'ennuyer).

6. Elle va _____ (mettre / se mettre) une petite annonce dans des journaux. Elle espère donner des leçons particulières d'anglais.

B. Chez un conseiller matrimonial. Six mois après son départ pour la Belgique, Sarah et Thierry se sont mariés mais bientôt il leur arrive des ennuis. Ils vont chez un conseiller matrimonial. Choisissez le verbe qui convient pour compléter chaque phrase.

1. CONSEILLER Vous _____ (entendre / s'entendre) mal depuis combien de temps ?

2. SARAH Nous _____ (se disputer / s'en aller) à propos de tout et de rien depuis le début du mariage.

3. THIERRY Elle pense que je la _____ (tromper / se tromper) !

4. SARAH Ce n'est pas vrai ! Mais tu travailles très tard et je _____ (s'inquiéter / s'entendre) pour toi, c'est tout. Tu pourrais téléphoner.

   THIERRY Ce n'est pas tout. Il y a le problème de la fenêtre.

Ouvertures Workbook

	SARAH	J'ouvre la fenêtre, il la ferme.
5.	THIERRY	Je ne supporte pas les courants d'air. Je ne peux pas _____ (endormir / s'endormir) les fenêtres ouvertes.
6.	SARAH	Ce n'est pas tout. Je _____ (ennuyer / s'ennuyer) le week-end.
7.	THIERRY	Moi, j'aime _____ (se débrouiller / se détendre) une fois à la maison. Dès qu'elle rentre du travail elle veut _____ (aller / s'en aller), elle veut sortir avec des amis. Qu'est-ce qu'on peut faire ?
8.	CONSEILLER	Il faut accepter vos différences sans souligner les erreurs de votre partenaire. Si vous pensez que vous allez vous ressembler parfaitement, vous _____ (tromper / se tromper).

C. Interview. Encore une fois, votre université fait une enquête sur la qualité de vie des étudiants. Répondez aux questions avec des phrases complètes.

1. Est-ce que les étudiants s'ennuient ? Si oui, quand ?

   _____

2. Connaissez-vous une personne qui ne se débrouille pas bien à l'université ?

   _____

3. Comment est-ce que vous vous détendez après une journée difficile ?

   _____

4. À quoi est-ce que vos amis s'intéressent ?

   _____

5. De qui ou de quoi est-ce que vous vous moquez ?

   _____

6. Vous servez-vous souvent d'un ordinateur ?

   _____

7. Avec qui est-ce que vous vous entendez bien ?

   _____

Chapitre 5

Nom _____ Classe _____ Date _____

STRUCTURE IV

Pour poser une question : les pronoms interrogatifs

A. Quelle mauvaise mémoire ! Marielle et Jean-Philippe ont vu la série des films de *La Guerre des étoiles* quand ceux-ci sont passés la première fois. Maintenant, ils ont l'intention de retourner les voir quand ils repasseront sur les grands écrans. Le couple échange des souvenirs de la première fois qu'il a vu ces films. Jean-Philippe ne peut pas se souvenir de certains détails. En vous basant sur les réponses de Marielle, reconstituez les questions de Jean-Philippe.

Modèle : JEAN-PHILIPPE *Qui sont les deux robots ?*
MARIELLE R2D2 et C3PO sont les robots dans le film.

JEAN-PHILIPPE ? _____

MARIELLE Je pensais <u>à la première fois que nous avons vu *La Guerre des étoiles*</u>.

JEAN-PHILIPPE _____ ?

MARIELLE Tu ne te rappelles pas ? Nous avons vu le premier film, <u>avec Micheline et Gérard</u>.

JEAN-PHILIPPE Ah oui, c'est vrai ! _____ ?

MARIELLE Après le film, nous sommes allés <u>chez eux prendre un petit café</u>.

JEAN-PHILIPPE _____

MARIELLE <u>Luke Skywalker et la princesse Léa</u> étaient le héros et l'héroïne du premier film.

JEAN-PHILIPPE _____

MARIELLE Ils avaient besoin <u>d'aide contre les méchants</u>.

JEAN-PHILIPPE Et Hans Solo, _____ ?

MARIELLE Hans Solo travaillait <u>pour lui-même</u>, je crois.

JEAN-PHILIPPE _____ ?

MARIELLE Darth Vader était <u>le père de Luke Skywalker</u> mais on ne le savait pas dans le premier film. Décidément, tu as une très mauvaise mémoire ! Heureusement que nous allons revoir ces films !

Nom _____ Classe _____ Date _____

B. Journaliste pour un jour. Le Cercle français vous a demandé d'interviewer un musicien francophone célèbre pour le bulletin du Cercle. Décidez qui vous allez interviewer, puis préparez les questions que vous allez lui poser. Utilisez au moins trois pronoms interrogatifs avec des prépositions. Écrivez six questions.

1. _____
2. _____
3. _____
4. _____
5. _____
6. _____

Les délices du fastfood, le confort de la table.

viande hachée pur-bœuf et frites croustillantes à prix modéré

Chapitre 5

Nom _____ Classe _____ Date _____

Journal

Analysez l'image de la page 85. Qu'est-ce qu'il révèle sur l'influence de la culture américaine en France ? Où voit-on l'influence de la culture française aux États-Unis ? Écrivez vos réflexions dans votre journal, selon les indications de votre professeur.

À votre tour

Vous allez faire un petit compte rendu d'un film que vous avez vu.

Enrichissez votre expression

Faites les activités suivantes pour enrichir votre expression.

A. **Goûts et préférences.** Qu'est-ce qui vous a plu dans le film ? Trouvez deux adjectifs pour qualifier chaque élément.

    Modèle : le jeu : vraisemblable; émouvant

Qu'est-ce qui vous a déplu dans le spectacle ? Trouvez deux adjectifs pour qualifier chaque élément.

    Modèle : la cinématographie : incohérente; ratée

B. **L'intrigue.** Quelles sont les grandes lignes de l'intrigue ? Racontez en précisant bien la chronologie de l'action ainsi que le cadre temporel. Faites bien attention aux transitions. Référez-vous au tableau de la page 171 pour réviser ces expressions.

    Modèle : La veille de son mariage, le personnage décide qu'il n'aime plus sa fiancée. Alors, il décide de feindre une maladie. Ensuite, il téléphone à son meilleur copain . . .

C. **Recommandations.** Donnez deux raisons pour lesquelles vous recommanderiez (ou vous ne recommanderiez pas) ce film.

Ébauchez votre plan

Répondez à ces questions pour bien structurer votre composition.

Partie I : Situez le lecteur

Quel film allez-vous décrire ?
Quel genre de film est-ce ?
Où l'avez-vous vu ?
Comment était l'ambiance dans la salle ?

Partie II : Racontez

De quoi s'agit-il dans ce film ? Racontez l'intrigue, en rajoutant des détails à la description que vous avez déjà ébauchée.

    Modèle : La veille de son mariage, le personnage principal, fils paresseux d'une famille aisée, décide qu'il n'aime plus sa fiancée, qui était sa meilleure amie depuis l'enfance. Alors, il décide de feindre une maladie contagieuse. Ensuite, il téléphone à son meilleur copain . . .

Nom _____ Classe _____ Date _____

Partie III : Donnez votre opinion globale

Avez-vous aimé le spectacle ? Pourquoi ou pourquoi pas ?

Partie IV : Approfondissez votre critique

Expliquez votre réaction plus en détail, en vous appuyant sur des exemples précis.

Partie V : Recommandations

Faites des recommandations convaincantes pour persuader votre lecteur d'aller voir ce film, ou pour le lui déconseiller.

Écrivez

Écrivez la première version de votre composition. Organisez vos pensées en paragraphes en suivant le plan établi dans la partie précédente.

Révisez

Révisez votre première version en tenant compte des commentaires / corrections de votre lecteur.

Nom _____ Classe _____ Date _____

CHAPITRE 6

Comment peut-on être français?
Clés de l'identité

MISE EN TRAIN

Les identités. Réfléchissez à votre identité personnelle. Faites une liste des groupes auxquels vous appartenez en vous aidant de la liste ci-dessous. Vous pouvez ajouter d'autres catégories de votre choix :

- votre sexe (homme ou femme)
- votre âge (moins de 20 ans, entre 20 et 40 ans, plus de 40 ans)
- votre profession
- votre religion
- votre région
- votre langue maternelle
- votre origine ethnique
- votre nationalité

Maintenant choisissez les deux catégories les plus importantes dans la formation de votre identité et répondez à la question suivante.

Les deux catégories que vous avez choisies sont-elles toujours les plus importantes ou bien cela dépend-il des situations dans lesquelles vous vous trouvez ?

_____

_____

Les symboles nationaux. Considérez les États-Unis et choisissez les éléments de la liste ci-dessous qui les représentent le plus symboliquement, à votre avis. Vous pouvez ajouter d'autres éléments à cette liste.

_____ la statue de la Liberté _____ un dollar américain

_____ la cuisine américaine _____ le football américain

_____ le drapeau américain _____ le jazz

Chapitre 6 89

Nom _____ Classe _____ Date _____

_____	les gratte-ciels	_____	la Constitution
_____	Hollywood	_____	le président
_____	la tradition	_____	la liberté
_____	la démocratie	_____	????

En vous servant de la liste ci-dessus comme modèle, faites une liste des éléments qui symbolisent la France pour les Français, à votre avis.

_____

_____

_____

_____

_____

INTERACTION

AUTREMENT DIT

A. Parlons des valeurs. Réfléchissez aux valeurs qui guident votre vie personnelle et celles qui affectent la vie commune en société dans votre pays. En utilisant le vocabulaire de **l'Autrement dit**, faites une liste des valeurs qui se rapportent plutôt à l'individu et une liste de celles qui se rapportent plutôt à la communauté.

Individu	**Communauté**
_____	_____
_____	_____
_____	_____

Quelles sont les valeurs importantes en même temps pour l'individu et pour la communauté?

_____

_____

Nom _____ Classe _____ Date _____

B. Une opinion sur tout. Vous parlez à un(e) ami(e) qui a les idées fixes. Réagissez à ses déclarations avec les phrases de **l'Autrement dit** pour exprimer vos doutes ou votre accord.

1. La reine d'Angleterre a autant de pouvoir que le premier ministre.

   _____

2. Le président des États-Unis joue un rôle largement symbolique.

   _____

3. La cuisine américaine manque d'originalité.

   _____

4. Ma génération a les mêmes valeurs que celle de mes parents.

   _____

5. Un président choisi par élections représente toujours la majorité des citoyens.

   _____

6. Le pourcentage des Français qui exercent leur droit de vote est plus élevé que celui des Américains.

   _____

C. Réactions. Jean-Claude et Marguerite discutent de leurs projets de voyages pour l'été. Marguerite pense qu'une ou deux semaines en Tunisie seraient formidables mais Jean-Claude n'est pas d'accord. Complétez leur conversation avec le vocabulaire de **l'Autrement dit**.

MARGUERITE   Alors, qu'est-ce que tu penses d'un séjour en Tunisie ?

JEAN-CLAUDE Tu plaisantes ? Avec toute la violence qu'il y a dans les pays musulmans en ce moment ! C'est trop dangereux !

MARGUERITE   Mais non. _____ Il n'y a pas de problèmes en Tunisie. La Tunisie, c'est très beau. Il y aura plein de soleil et de belles plages. Et puis, ce n'est pas très loin du Midi où nous allons passer quelque temps dans ta famille de toute façon.

JEAN-CLAUDE _____

MARGUERITE   Mais, Jean-Claude, _____ que ce n'est pas dangereux ! Pourquoi tu t'obstines ? Il y a beaucoup de choses à voir en Tunisie. Ce pays a eu une histoire très riche. Il y a même des ruines romaines.

Chapitre 6

Nom _____ Classe _____ Date _____

JEAN-CLAUDE _____

MARGUERITE   Et, on poura goûter toutes les spécialités maghrébines et manger du couscous, des merguez, des grillades de moutons . . . J'en ai l'eau à la bouche rien que d'y penser !

JEAN-CLAUDE   _____ ! Toutes ces sauces piquantes ! Et puis la viande de mouton, _____ !

MARGUERITE   Je t'en prie, Jean-Claude. Pour me faire plaisir !

JEAN-CLAUDE _____

MARGUERITE   Dans ce cas, je refuse de passer mes vacances avec toi ! Je trouverai quelqu'un d'autre qui a l'esprit d'aventure comme moi !

STRUCTURE I

Pour relier deux propositions : les pronoms relatifs

A. Gauchers ou gauchistes ? Vous commencez à lire l'article suivant en pensant qu'il s'agit des mouvements gauchistes (*leftist*). Vous remarquez très vite que vous vous trompez de sens. Complétez le texte avec la forme correct du **pronom relatif**.

1. Le mot *gaucher* fait référence à la main ___que___ vous vous servez pour écrire et manger.

2. Il ne faut pas confondre le mot *gaucher* avec *gauchiste*, ___quel___ veut dire partisan d'un mouvement politique de gauche.

3. L'art et le sport, ce sont des domaines dans ___lesquelles___ les gauchers sont peut-être favorisés.

4. Léonard de Vinci, ___dont___ vous avez certainement entendu parlé, était gaucher ainsi que Jeanne d'Arc, Charlemagne et Napoléon.

5. ___Qu'___ est bizarre, c'est que relativement peu d'individus utilisent plus volontiers leur main gauche.

6. ___Ce qui___ les gauchers trouvent difficile, c'est de s'adapter continuellement aux objets et aux outils conçus pour les droitiers: ciseaux, ouvre-boîtes, etc.

7. Les gauchers ___qu'___ on a parlé dans une interview récente étaient souvent frustrés au volant et au travail.

Nom _____ Classe _____ Date _____

8. Pourtant, selon __*que*__ les scientifiques disent, il semble que les gauchers aient des capacités intellectuelles extraordinaires.

9. Tracez un cercle de la main droite, puis de la main gauche, et indiquez la direction vers __*que*__ vous avez orienté vos tracés. Les droitiers tracent généralement les deux cercles dans le sens inverse des aiguilles d'une montre. Êtes-vous ambidextre ?

B. Une discussion animée. Vous et vos amis discutez des concepts d'identité et de liberté. Complétez les déclarations que vous entendez pendant la discussion avec la forme correcte du **pronom relatif**.

1. _____ marque l'identité d'une personne c'est sa langue maternelle.

2. Je ne suis pas d'accord. L'idée _____ me paraît la plus intéressante c'est que chaque personne a une multitude d'identités.

3. Pour moi, _____ je ne comprends pas c'est pourquoi l'identité culturelle est devenue plus importante que la nationalité.

4. Dans le monde, il y a des gens _____ se battent pour leur identité culturelle et pour _____ cette reconnaissance est essentielle.

5. À mon avis, la liberté est un droit sans _____ on ne peut pas vivre.

6. Oui, mais le problème _____ nous parlons ici est plus complexe que cela.

7. Il faut se mettre d'accord sur la définition du mot liberté _____ nous voulons adopter.

8. Il s'agit là de questions _____ nous ne pourrons pas répondre.

C. La politique. Vos amis français veulent savoir ce que vous pensez de la politique dans votre pays et de l'intérêt des étudiants pour la politique. Complétez les phrases suivantes pour répondre à leurs questions.

1. Le problème qui _____

2. Les politiciens que _____

3. Il y a des étudiants qui _____

4. Ce dont le pays a besoin _____

5. Je ne sais pas ce que _____

6. Mais je sais bien ce dont _____

7. J'ai un ami avec qui _____

Chapitre 6

Nom _____ Classe _____ Date _____

STRUCTURE II

L'emploi de c'est *et de* il/elle est

A. France, Amérique ou ailleurs ? Identifiez les personnes et les concepts suivants et indiquez s'ils représentent la France, les États-Unis ou d'autres pays du monde. Utilisez la forme correcte de **il/elle est** ou **c'est**.

1. Stephen King ? __C'est__ un auteur de romans fantastiques.

   __Il est__ très célèbre.

   Nationalité (écrivez une phrase complète) :

   __Il est américain.__

2. Oprah Winfrey ? __C'est__ une animatrice de télévison.

   __Elle est__ actrice aussi.

   Nationalité (écrivez une phrase complète) :

   __Oprah Winfrey, c'est une americaine.__

3. Daniel Day-Lewis ? __C'est__ un acteur.

   Nationalité (écrivez une phrase complète) :

   __Il est américain__

4. Lance Armstrong ? __C'est__ un cycliste.

   Nationalité (écrivez une phrase complète) :

   __Il est français.__

5. Le Sphinx et la Grande Pyramide ? __C'est__ des monuments.

   __Ils sont__ aujourd'hui menacés par la pollution.

6. La Guyane ? __C'est__ un pays tropical.

   __Elle est__ située entre le Surénam et la Brésil.

7. Louis Malle ? __C'est__ un réalisateur. Il a tourné beaucoup de films aux États-Unis.

   Nationalité (écrivez une phrase complète) :

   __Il est français.__

Nom _____ Classe _____ Date _____

8. Surya Bonaly ? _____ une patineuse. _____ très athlétique.

   Nationalité (écrivez une phrase complète) :

   _____

B. **À mon avis.** On vous a demandé de donner votre avis sur les manières de se tenir au courant de ce qui se passe dans le monde. Vous répondez en complétant les phrases suivantes. Employez une expression personnelle où possible.

   1. Il est difficile de _____

   2. _____ écouter régulièrement la radio.

   3. Il est déconseillé de _____

   4. _____ lire le journal tous les jours.

C. **D'autres opinions.** En employant **il est + adjectif** et les phrases ci-dessous (ou d'autres phrases de votre création) formulez une opinion sur les manières de s'ouvrir aux autres cultures (c'est facile, difficile, ennuyeux, etc.).

   Modèle : Écouter les informations à la radio ? C'est ennuyeux.
   Je pense qu'il est ennuyeux d'écouter les informations à la radio.

   parler à des gens d'autres pays   voyager à l'extérieur de son pays
   regarder des documentaires à la télé   lire des journaux d'autres pays

   1. _____
   2. _____
   3. _____
   4. _____

GRAMMAIRE DE BASE

Le futur; le présent du conditionnel

A. **Le rêve d'Ariane.** Une petite fille de dix ans rêve de sa vie à 21 ans. Complétez le paragraphe en conjuguant les verbes entre parenthèses au **futur**.

Chapitre 6

Nom _____ Classe _____ Date _____

Quand j(e) __aura__ (avoir) 21 ans, je __ferai__ (faire) tout ce que je __voudrai__ (vouloir). Je __resterais__ (rester) au lit jusqu'à onze heures du matin. Je __sortirai__ (sortir) tout le temps. Monique et moi, nous __jouerons__ (jouer) toute la journée et nous __nous amuserons__ (s'amuser) le soir à regarder la télévision. On __ira__ (aller) au cinéma et mon frère aîné, Benoît, me __parlera__ (parler) gentiment. Maman et papa n(e) __auraient__ (avoir) pas tellement de travail, et en plus ils __seraient__ (être) toujours contents de moi. Quelle belle vie j'aurai !

B. Si seulement ! Dites ce que les personnes ci-dessous feraient si elles avaient des pouvoirs magiques. Employez le **conditionnel** des verbes entre parenthèses.

1. Le président __restera__ président pour la vie. (rester)

2. Les Québécois __obtiendraient__ leur souveraineté. (obtenir)

3. Les Africains __mettraient__ fin à la famine dans leur continent (mettre)

4. Le candidat à la présidence __gagnera__ les élections. (gagner)

5. Moi, je __ferai__ connaissance avec des gens de tous les pays du monde. (faire)

6. Est-ce que tu __prendras__ le temps de comprendre les problèmes des autres ? (prendre)

7. Nous __pouvrons__ établir la paix sur la terre. (pouvoir)

8. Est-ce que vous __auriez__ tout ce que vous souhaitez ? (avoir)

C. Des conseils et des recommandations. Anne-Marie est prête à donner des tas de conseils à tout le monde. Devinez ce qu'elle dit au sujet de chacune des personnes suivantes. Employez le **conditionnel** des verbes *pouvoir, vouloir* ou *devoir*.

pourr   voudr   devr

1. Le président des États-Unis ~~devra~~ devrait faire les bons lois.

2. La présidente de l'université __voudrait beaucoup d'argent des étudiants.__

3. Les Francophones du monde entier __pourraient parler une belle langue.__

4. Nous, les étudiants de langues étrangères, __devrions étudier avec persévérance.__

5. Vous, les politiciens, __pourriez changer la gouvernement de cette pays.__

Nom _____ Classe _____ Date _____

STRUCTURE III

Pour parler du futur : le futur et le futur antérieur

A. Les rapports interculturels. Madame Chaumont prépare les gens qui vont faire de longs séjours à l'étranger. Complétez les phrases suivantes avec la forme correcte des verbes entre parenthèses pour voir ce qu'elle dit à ses clients. Dans chaque phrase il y a au moins un verbe au **futur** et un verbe au **futur antérieur**.

1. Vous _____ (être) moins anxieux dans un pays étranger quand vous _____ (réfléchir) à votre propre identité culturelle.

2. Quand tu _____ (rentrer) de voyage nous _____ (discuter) des différences culturelles que tu _____ (voir).

3. Ils nous _____ (téléphoner) aussitôt qu'ils _____ (rentrer) de leur dernier voyage.

4. Vous _____ (savoir) mieux ce qu'il faut faire dans un pays étranger quand vous _____ (entendre) mon histoire.

B. Prédictions. Vous jouez à la diseuse de bonne aventure. Dites ce qui sera arrivé aux peuples suivants avant l'an 2020.

1. Les Flamands en Belgique _____

2. Les pays d'Afrique _____

3. Les Américains _____

4. Les Québécois _____

5. Les Françaises _____

6. Les beurs _____

C. Encore des prédictions. Vous êtes très fier(-ère) de vos connaissances sur l'actualité du monde. Pour impressioner vos amis, vous faites des prédictions pour certaines régions du monde. Employez le **futur** ou le **futur antérieur** pour compléter les phrases suivantes.

1. Dès que le Québec aura obtenu la souveraineté, *les citoyens devront choisi un nouveau presidente.*

2. La Martinique et la Guadeloupe auront leur indépendance quand *ils auront gagné les guerres d'indépendance.*

Chapitre 6

3. Le Canada sera plus uni après que _l'économie aura améliorer beaucoup._

4. L'Afrique se développera économiquement aussitôt que _les autres pays auront commencé le commerce internationelle._

5. Quand les immigrants auront oublié leur langue maternelle, _ils perdront un grand parti de leur cuture d'origine._

STRUCTURE IV

Pour parler du temps : les prépositions pour, pendant, dans, en + *expression temporelle*

A. Un réunion de syndicat des étudiants. À une réunion de l'association des étudiants vous entendez les bribes de conversations suivantes. Complétez les phrases avec la préposition qui convient.

1. Excusez-moi, Mesdames et Messieurs, mais la réunion va commencer _dans_ quelques minutes. Nous allons discuter de nos plans pour la manif (*demonstration*) lundi matin.

2. Je vous rappelle qu'une révolution, même « tranquille », ne se fait pas _en_ un jour ou même _en_ quelques jours.

3. Bien sûr. Les changements se font lentement mais il faut y travailler _pendant_ longtemps.

4. J'en ai assez. À la dernière réunion nous avons discuté de la même chose _pendant_ des heures.

5. Moi, je voudrais savoir si nous serons debout _pour_ plus de trois heures comme la dernière fois. C'était fatiguant !

6. Mais, il faut faire quelque chose. _Pendant_ que nous nous disputons, le gouvernement vote des lois sans nous consulter.

B. Interview. Votre professeur vous demande de remplir un questionnaire pour mieux vous connaître. Répondez à ses questions avec des phrases complètes.

1. Pour combien de temps (un an, deux ans, ou plus) voudriez-vous étudier le français à cette université ?

Nom _____ Classe _____ Date _____

2. Depuis combien de temps faites-vous du français ?

   _____

3. Pendant combien de temps avez-vous étudié le français hier ?

   _____

4. D'habitude, en combien de temps finissez-vous les examens de français ?

   _____

5. Parlerez-vous français dans dix ans? Si oui, dans quelle situation ?

   _____

STRUCTURE V

Pour parler des conditions potentielles : les phrases avec si

A. Rivalité fraternelle. Muriel est très fâchée contre ses parents qui lui semblent injustes. Elle vous raconte la situation. Complétez ses phrases avec la forme correcte du verbe entre parenthèses.

1. Si mon frère _____ (étudier) régulièrement il recevrait de meilleures notes.

2. Mes parents pensaient que s'il y avait un micro-ordinateur à la maison, ça l' _____ (aider) à travailler.

3. Ben! Si, moi, je leur _____ (demander) de m'offrir un cadeau si cher, ils se moqueraient de moi.

4. Quand ils m'ont dit qu'ils avaient décidé de lui en acheter un j'ai répondu « Et si je dévalise (*rob*) une banque, vous m' _____ (offrir) une voiture ? »

5. Si seulement ils _____ (comprendre) mon sens de l'humour !

6. Si tu as des difficultés avec tes études, _____ (parler) à mes parents !

B. Des hypothèses continues. Vous et vos amis imaginez divers scénarios pour certaines régions du monde. Finissez la première phrase avec un verbe de votre choix, puis commencez la phrase suivante avec le même verbe. Jusqu'où pouvez-vous mener la chaîne en allant ainsi d'hypothèse en hypothèse ?

   Modèle :   S'il y avait moins de chômage en France, *les jeunes seraient plus contents.*

   Si les jeunes étaient plus contents, *le pays serait plus fort.*

Chapitre 6

Nom _____ Classe _____ Date _____

1. Si le Québec devenait indépendant, _____

2. Si les États-Unis devenaient bilingues, _____

C. **Des hypothèses plus personnelles.** C'est amusant de rêver ! Alors, allez-y ! Complétez les phrases suivantes en faisant attention au temps du verbe dans la première partie. Certaines hypothèses sont plus réelles que d'autres.

1. Si j'avais 98 ans, *j'aurais eu un grand gateau avec 98 bougies.*

2. Je m'achèterais une voiture de course si *je gagnais beaucoup d'argent.*

3. Si je parlais français couramment, *je pourrais améliorer.*

4. Si je finis tous mes devoirs avant vendredi soir, *je vais au cinéma à 8h*

5. Je deviendrais célèbre si *j'aurais beaucoup des suivantes sur Instagram.*

6. Je serais heureux(se) si *je passerais beaucoup de temps avec ma famille et mes amis.*

Journal

Lequel des symboles de la page 101 suivante représente pour vous l'Amérique ? la France ? Pourquoi ? Si aucun n'est représentatif, dites pourquoi et proposez un autre symbole. Expliquez votre choix.

Nom _____ Classe _____ Date _____

Chapitre 6

Nom _____ Classe _____ Date _____

À votre tour

Qui êtes-vous ? Quels événements, quelles personnes ou forces ont créé votre identité ? Votre composition développera le thème de l'identité personnelle et culturelle.

Enrichissez votre expression

Faites les activités suivantes pour enrichir votre expression.

- Quelles valeurs vous définissent ? Nommez-en trois. Voici quelques possibilités : l'honneur, l'honnêteté, le sens des responsabilités . . .

- Quelle est l'importance des facteurs suivants dans le développement de votre identité ?

	Très important	Important	Pas important
la famille	☐	☐	☐
la religion	☐	☐	☐
la nationalité	☐	☐	☐
le statut social	☐	☐	☐
le système d'enseignement	☐	☐	☐
la langue	☐	☐	☐
une personne	☐	☐	☐
un événement	☐	☐	☐

- En réfléchissant aux facteurs a que vous avez considérés très importants dans votre développement personnel, précisez comment chacun contribué à votre identité. Si une personne vous a influencé(e), identifiez ses traits de caractère. Si c'est plutôt un événement, racontez brièvement les circonstances.

    Modèle :   la religion :   le sens du sacré; la responsabilité sociale
    mon père :   le respect de la tradition; la persévérance
    le mariage :   l'importance de la famille; de la fidélité

- Comment vous définissez-vous par rapport aux autres ? Avez-vous les mêmes valeurs ? le même point de vue ? Vous considérez-vous comme membre d'une majorité ou d'une minorité ? Complétez les phrases suivantes.

Je me sens pareil(le) aux autres/différent(e) des autres parce que . . .
Je m'identifie à la majorité/une minorité parce que . . .

Nom _____ Classe _____ Date _____

Ébauchez votre plan

Dans votre composition, vous développerez trois centres d'intérêt : la formation de votre identité; votre place dans la société; vos réflexions sur l'importance de l'identité de l'individu par rapport à la société. Pour chacun de ces centres d'intérêt, précisez deux ou trois points dont vous voudriez traiter dans votre composition.

A. La formation de mon identité

> **Exemple :** Qui suis-je ?

- ?

- ?

- ?

B. Ma place dans la société

> **Exemple :** Mes valeurs sont différentes de celles de la plupart des étudiants dans ma classe à l'université.

- ?

- ?

- ?

C. L'identité de l'individu par rapport à la société

> **Exemple :** La société devrait reconnaître les droits de tous les groupes minoritaires.

- ?

- ?

- ?

Écrivez

Écrivez la première version de votre composition. Organisez vos pensées en paragraphes en suivant le plan établi dans la partie précédente.

Révisez

Révisez votre première version en tenant compte des commentaires/corrections de votre lecteur.

Chapitre 6

Nom _____ Classe _____ Date _____

CHAPITRE 7

Regards sur la société
La diversité culturelle de la France

MISE EN TRAIN

Quelle langue ? Considérez les langues parlées chez vous et autour de vous et réfléchissez à votre usage d'une ou de plusieurs langues. Répondez aux questions suivantes en français. Les phrases complètes ne sont pas toujours nécessaires.

1. Quelle est la langue officielle de votre pays ? et de votre région ou ville ?

   _____

2. Quelle(s) langue(s) est-ce que vous entendez parler dans la rue ?

   _____

3. En quelle(s) langue(s) sont les panneaux officiels et les affiches dans votre ville ?

   _____

4. Quelles régions des États-Unis sont bilingues ou multilingues, sinon officiellement du moins en pratique ?

   _____

5. Y a-t-il des minorités culturelles ou linguistiques dans votre région ?

   _____

6. Quelles langues, autres que l'anglais, parle-t-on aux États-Unis ? et où ?

   _____

Nom _____ Classe _____ Date _____

INTERACTION

AUTREMENT DIT

A. Réactions. Vous et un(e) ami(e) faites des recherches sur les problèmes de l'Afrique actuellement. Vous avez résumé plusieurs opinions sur ces problèmes. Pour chaque opinion, donnez votre avis et demandez celui de votre ami(e).

1. Tout le monde dans les pays d'Afrique sub-saharienne devrait apprendre une langue européenne comme le français ou l'anglais.

   _____

   _____ ?

2. Pour améliorer leur situation économique, il faut que les pays du Tiers-Monde importent moins et exportent plus.

   _____

   _____ ?

3. Dans quelques années on aura éliminé l'usage du français en Afrique de l'Ouest.

   _____

   _____ ?

4. Il faut aider l'Afrique à lutter contre le SIDA.

   _____

   _____ ?

5. D'ici un ou deux ans tous les pays africains seront des républiques démocratiques.

   _____

   _____ ?

6. Il est essentiel que l'Afrique se modernise rapidement.

   _____

   _____ ?

Nom _____ Classe _____ Date _____

B. Dans la rue à Bruxelles. À Bruxelles, un touriste arrête un piéton pour demander son chemin. Vous devez servir d'interprète parce que son français n'est pas très bon. Complétez la conversation avec le vocabulaire de **l'Autrement dit**.

1. LE TOURISTE _____?

   LE BRUXELLOIS La Grand-Place ? C'est tout près. Tournez à gauche et continuez jusqu'au coin et c'est devant vous.

2. LE TOURISTE J'ai une adresse ici mais je ne sais pas comment y aller d'ici.

   LE BRUXELLOIS _____

3. LE TOURISTE J'ai besoin d'envoyer une lettre, où est la poste s'il vous plaît ?

   LE BRUXELLOIS _____

   (*say that it's very far, make up directions with a street name*)

4. LE TOURISTE C'est très compliqué tout ça ! Est-ce que vous pourriez m'accompagner jusqu'à la poste ?

   LE BRUXELLOIS _____

GRAMMAIRE DE BASE

La formation du subjonctif des verbes réguliers et irréguliers

A. Conseils aux enfants. Vous entendez Mme Kieta dire à sa fille de sept ans comment il faut se comporter. Complétez les phrases suivantes avec la forme correcte des verbes entre parenthèses au **subjonctif**.

1. Il faut que tu _parles_ arabe à ta tante ! (parler)

2. Pauline! Je ne veux pas que tu _mentent_ ! (mentir)

3. Nous voulons que, toi et ton frère, vous _connaissiez_ tous vos cousins. (connaître)

4. Il faut que tu _finisses_ tes légumes avant de prendre un dessert. (finir)

5. Il faut que je te _dises_ l'histoire de la famille ! (dire)

6. Il est important que nous _écrivions_ une lettre à ta grand-mère pour la remercier. (écrire)

Chapitre 7

Nom _____ Classe _____ Date _____

B. Conseils à un pays bilingue. Vous servez de médiateur entre deux groupes linguistiques en conflit. Faites des phrase complètes avec les éléments donnés. Employez le **subjonctif**.

1. Il est important / les deux groupes / se parler honnêtement.

   _____

2. Il faut / ils / partager la responsabilité de rétablir la paix.

   _____

3. Vous, il faut absolument / vous / se rendre compte / des besoins de l'autre groupe !

   _____

4. Quant à vous, il vaudrait mieux / vous / accepter / certaines conditions.

   _____

5. Je ne crois pas / ça / plaire à un groupe d'être dominé par l'autre.

   _____

6. Je souhaite / nous / établir un comité de négociation.

   _____

Le subjonctif des verbes irréguliers

C. Conseils aux voyageurs à Québec. Nathalie conseille Anne et ses amis au sujet de leur voyage au Québec. Complétez les phrases avec la forme correcte du subjonctif des verbes entre parenthèses.

1. J'ai l'adresse d'un ami à Québec. Veux-tu que je lui _fasse savoir_ la date de ton arrivée ? (faire savoir)

2. Il faut que vous _voyiez_ le Château Frontenac. (voir)

3. Il n'est pas sûr que vous _vouliez_ voir la Citadelle. (vouloir) Ce n'est pas très intéressant finalement.

4. Il est essentiel que vous _ayez_ des plans de la ville. (avoir)

5. Bien sûr, il faudra que tu _prennes_ (prendre) beaucoup de photos !

6. Je préfère que tu ne m' _envoies_ pas (envoyer) de cartes postales et que tu me racontes tout en rentrant. Bonnes vacances !

Nom _____ Classe _____ Date _____

D. Projets. Après avoir écouté tous les conseils de Nathalie, Anne et ses amis organisent leur voyage. Complétez leurs phrases avec la forme correcte du **subjonctif** des verbes entre parenthèses.

1. Il faut que nous _____ notre date de départ bien à l'avance. (savoir)

2. Je ne suis pas sûre que François _____ avec nous. (venir)

3. Il est essentiel que Mathilde _____ amener son chien. (pouvoir)

4. Il vaudrait mieux que nous _____ à l'agence de voyages demain. (aller)

5. Je préfère qu'on y _____ tout de suite ! (aller)

6. Et puis, il est essentiel que nous _____ nos valises demain (faire) parce que François veut que nous _____ prêts à partir après demain ! (être)

STRUCTURE I

Pour exprimer un point de vue : l'infinitif et le présent du subjonctif après les expressions impersonnelles

A. Une discussion animée. Gérard, un Québécois, et Bob, un Américain, discutent de la question linguistique au Québec. Voici les éléments de certaines phrases qu'ils auraient pu dire. Faites des phrases avec ces éléments en employant une expression impersonnelle suivie de **que** + le **subjonctif** ou **l'indicatif** ou bien de **l'infinitif** du verbe.

1. Il est certain / les Canadiens anglophones et les Américains / avoir beaucoup de caractéristiques en commun.

   _____

   _____

2. Il faudrait / vous / considérer / ce que les autres groupes linguistiques veulent.

   _____

   _____

3. Il se peut / nous / refuser d'utiliser l'anglais.

   _____

   _____

Chapitre 7

4. Il vaut mieux / les politiciens / lire les journaux pour voir ce que les gens pensent de cette situation.

5. Il est important / noter / les arguments des deux côtés de la question linguistique.

   de + infinitive

6. Il est évident / vous / être confronté à un grand problème en ce moment.

7. Il est bon / échanger des idées pour finir par se comprendre.

B. À mon avis. Vous avez fait des lectures sur la question linguistique en Afrique. Vous voulez prendre des notes sur vos réflexions pour préparer la discussion en classe. Faites cinq phrases en utilisant les éléments ci-dessous.

Il est probable	le français	dépendre de la langue française
Il n'est pas certain	les enfants	devoir apprendre à lire et écrire leur
Il est essentiel	le gouvernement	langue maternelle
Il faut	le taux d'analphabètes *(illiterates)*	rester la langue officielle de certains pays
Il est vrai	les écoles	choisir une langue africaine officielle
Il est douteux	l'unité des pays	continuer à augmenter
Il est clair	???	enseigner en deux langues
???		???

Nom _____ Classe _____ Date _____

1. _Il est probable que le français reste la langue officiel de certains pays._
2. _Il est essentiel que les écoles enseignent en deux langues._
3. _Il est clair que le taux d'analphabètes continue à augmenter._
4. _Il est impossible que le gouvernement choisisse une langue officielle._
5. _Il faut que les enfants doivent apprendre à lire et écrire leur langue maternelle._

STRUCTURE II

Pour narrer au passé : les temps composés des verbes pronominaux

A. Le premier jour d'école. Kénizé est une Turque dont la famille a immigré à Mulhouse, une ville dans la région de l'Alsace, quand elle était très jeune. Elle se rappelle son premier jour de classe à l'école française. Complétez ses phrases avec le **passé composé** (ou le **plus-que-parfait**, selon les indications. Vous ne pouvez utiliser chaque verbe qu'une seule fois.

- s'arrêter
- s'asseoir *(to sit)*
- se décider
- se disputer (plus-que parfait)
- s'embrasser
- se fâcher
- se gratter *(to scratch)*
- s'habiller
- se laver
- se mettre
- se moquer (plus-que parfait)
- se parler
- se réconforter (souvent)
- se rendre compte
- se réveiller
- se séparer

1. Le matin, je _me suis réveillée_ très tôt parce que j'étais nerveuse.
2. Je _me suis lavée_ et je _me suis habillée_ et, sans manger de petit déjeuner je suis partie pour attendre l'autobus.
3. L'autobus _s'est arrêté_ devant moi, et mon frère et moi y sommes montés très timidement.
4. Nous _nous sommes assises_ ensemble dans l'autobus.
5. À l'école, nous _nous sommes séparés_ parce que nous étions dans des classes différentes.
6. La maîtresse _s'est mise_ à parler en français, mais je n'ai pas compris ce qu'elle m'a dit.

Chapitre 7

Nom _____ Classe _____ Date _____

7. Quand la maîtresse __s'est rendu compte__ que je ne comprenais pas le français, elle __s'est gratté__ la tête puis elle a commencé à me parler dans une autre langue que je n'ai pas comprise non plus. Plus tard j'ai su que c'était de l'alsacien.

8. Alors, elle __s'est fâchée__ et elle m'a emmenée chez la directrice.

9. Là, j'ai retrouvé mon frère parce qu'il __s'était disputé__ avec un autre garçon qui __s'était moqué__ de son accent !

10. Nous __nous sommes embrassés__ et nous __nous sommes parlés__ en turc.

11. Finalement, la directrice __s'est décidée__ à nous mettre dans une classe spéciale pour les étudiants étrangers.

12. Heureusement que nous étions ensemble dans cette école ! Nous __nous sommes réconfortés__ l'un l'autre souvent. Maintenant nous parlons tous les deux le français et l'alsacien et nous n'avons pas oublié le turc. Nous sommes donc devenus trilingues !

B. **Interview.** Vous êtes étudiant(e) en journalisme et on vous a demandé d'interviewer Saïd, un Algérien qui habite maintenant en France, au sujet de son expérience d'immigration. Écrivez les questions que vous voulez lui poser en vous servant des éléments ci-dessous. Écrivez au moins huit questions.

quand	votre famille	s'installer à Marseille
qui	vous	s'habituer tout de suite
de quoi	vous et votre famille	se joindre à vous
est-ce que		se voir
pourquoi		s'inquiéter le plus
		s'écrire
		s'occuper de vos papiers d'immigration
		se rendre compte que les enfants oubliaient l'arabe

1. Pourquoi votre famille vous installez à Marseille?
   _____?

2. _____
   _____?

3. _____
   _____?

Nom _____ Classe _____ Date _____

4. _____
   _____ ?

5. _____
   _____ ?

6. _____
   _____ ?

7. _____
   _____ ?

8. _____
   _____ ?

C. Interview (suite). Après avoir interviewé Saïd, vous devez transcrire les réponses que vous avez enregistrées pendant l'interview. Répondez aux questions que vous avez formulées ci-dessus comme si vous étiez Saïd. Faites des phrases complètes.

1. _____
   _____

2. _____
   _____

3. _____
   _____

4. _____
   _____

5. _____
   _____

Chapitre 7

6. _____

7. _____

8. _____

STRUCTURE III

Pour exprimer la volonté et la préférence : la phrase verbale après les expressions de volonté et de préférence

A. Projets de vacances. Mme Blanchard parle à une agence de voyage au sujet d'un voyage au Pays Basque. Reformulez ses instructions en utilisant les éléments donnés.

Modèle : J'aimerais mieux / je ne reste pas dans un grande ville.

J'aimerais mieux ne pas rester dans une grande ville.

1. Je préférerais / je prends pas l'avion.

    Je préférais ne pas prendre l'avion.

2. J'aimerais mieux / nous prenons le train.

    J'aimerais mieux que nous prenions le train.

3. Je ne veux pas / je dépense trop d'argent dans une grande ville.

    Je ne veux pas dépenser trop d'argent dans une grande ville

4. Je souhaite / ma fille apprend quelque chose sur la culture et la langue basque.

    Je souhaite que ma fille apprenne quelque chose sur la culture

5. Je suis contente / vous pouvez m'aider à prendre une décision.

    Je suis contente que vous puissiez m'aider à prendre une décision.

Nom _____ Classe _____ Date _____

6. Je voudrais / nous trouvons le village idéal dans ces brochures.

   Je voudrais que nous trouvions le village idéal dans ces brochures

B. Vos exigences. Votre professeur de français essaie toujours de vous connaître mieux, alors elle/il vous demande de remplir encore un fois un questionnaire. Répondez à ses questions avec des phrases complètes.

1. Qu'est-ce que vous demandez qu'un professeur fasse toujours en classe ?

   _____

2. Qu'est-ce que vous aimez mieux faire en classe ?

   _____

3. Qu'est-ce que vous exigez de vous-même ?

   _____

4. Qu'est-ce que vos parents demandent que vous fassiez ?

   _____

5. Qu'est-ce que vous souhaitez faire avant de terminer vos études à l'université ?

   _____

STRUCTURE IV

Pour exprimer l'émotion et le doute : la forme verbale après les expressions d'émotion, de doute et de peur

A. Être Cajun. Louise Beauchamps est la grand-mère d'une grande famille cajun qui habite à la Nouvelle Orléans. Elle révèle à un journaliste ses sentiments et ses espoirs pour sa famille et sa culture. Mettez le verbe entre parenthèses au **subjonctif**, à **l'indicatif** ou laissez-le à **l'infinitif**, selon le cas.

1. Je suis contente de vous ___recevoir___ (recevoir) chez moi dans la tradition de l'hospitalité cajun, Mademoiselle.

2. À propos de tradition, j'ai peur que mes petits-enfants _____ (oublier) leurs traditions et leur culture.

Chapitre 7

3. J'ai exigé que tous mes enfants __apprennent__ (apprendre) le français et nous le parlons à la maison.

4. Mais je suis sûre qu'à l'extérieur de la maison, ils __ne font pas__ (ne pas faire) d'efforts pour préserver leur langue maternelle.

5. Je voudrais que les écoles __aient__ (avoir) plus de cours en français pour les enfants.

6. Je suis triste que les enfants de mes amis __ne veuille pas__ (ne pas vouloir) parler français avec moi.

7. J'espère que mes descendants __continueront__ (continuer) à apprendre et à parler leur langue maternelle.

8. Il faudrait que le gouvernement de l'état __établisse__ (établir) des lois plus strictes sur le bilinguisme de la Louisiane.

9. Je crains que nous, le Cajuns, __ne restions__ (rester) toujours des citoyens de second ordre.

10. Il est clair que personne n(e) __fait__ (faire) attention aux opinions d'une vieille dame comme moi.

B. Un long séjour. Vous allez passer un semestre d'études au Cameroun. Vous avez beaucoup d'émotions et de sentiments divers au sujet de ce séjour. Exprimez-les en complétant les phrases ci-dessous.

1. Je suis heureux(se) d(e) _____

2. J'ai peur que le programme d'études _____

3. J'espère que ma famille d'accueil (*host family*) _____

4. Je suis un peu triste _____

5. Je suis surpris(e) que _____

6. Je suis sûr(e) _____

Nom _____ Classe _____ Date _____

C. Des réactions. En écoutant les informations à la radio française, vous entendez les nouvelles suivantes. Utilisez des expressions de sentiment pour réagir à ce que vous entendez. Changez d'expression de sentiment pour chaque phrase.

1. Les États-Unis devraient adopter l'anglais comme langue unique officielle du pays.

   _____

2. Le Texas voudrait être indépendant du reste des États-Unis.

   _____

3. La France ne permettra jamais à ses régions de garder leurs différences culturelles.

   _____

4. Le Viêtnam devrait adopter le français comme langue officielle.

   _____

5. Les pays africains ont besoin du français pour s'établir sur le marché commercial mondial.

   _____

D. Quelle bonne surprise ! Vous venez d'apprendre que vous avez été acceptée(e) pour un programme d'études à l'étranger à Paris. Écrivez la bonne nouvelle à votre ami(e) français(e) et dites-lui ce que vous ressentez. Écrivez au moins six phrases et utilisez au moins cinq expressions différentes.

Chère amie,

Tu ne devineras pas la bonne nouvelle j'ai reçu aujourd'hui ! J'ai été accepter pour le programme d'études en France, et bientôt j'espère que nous puissions rencontrer à Paris ! Je voudrais manger les crêpes Parisien fameux avec toi. J'éspere qu'il fasse bien tous les jours j'y habite. Je suis ravie que je puisse être avec toi finalement ! Je ne pense pas que je sache ton adresse — alors il faut que tu me réponds très tôt !

Chapitre 7

Nom _____ Classe _____ Date _____

STRUCTURE V

Pour repérer : les prépositions avec les noms géographiques

A. Géographie. Votre professeur parle de ses étudiants et de leur pays d'origine. Complétez le paragraphe avec les articles et les prépositions qui conviennent. Mettez un Ø pour indiquer qu'aucun mot n'est nécessaire.

Quel groupe cosmopolite ! Akiko vient ⁽¹⁾ _____ Tokyo et Rune vient ⁽²⁾ _____ Norvège. Shanti est née ⁽³⁾ _____ Canada, mais ses parents sont ⁽⁴⁾ _____ Portland maintenant. Tri a déjà beaucoup voyagé ⁽⁵⁾ _____ Asie. Il est arrivé ⁽⁶⁾ _____ États-Unis quand il avait 12 ans et il a déjà vécu ⁽⁷⁾ _____ Wisconsin et ⁽⁸⁾ _____ Californie. Si vous voulez visiter ⁽⁹⁾ __l'__ Europe, consultez Gerda d'abord. Elle vient ⁽¹⁰⁾ __de__ Roumanie et elle connaît bien ⁽¹¹⁾ __l'__ Allemagne et ⁽¹²⁾ __l'__ Italie. Certains étudiants ont déjà visité ⁽¹³⁾ __Ø__ Londres et ⁽¹⁴⁾ __Ø__ Paris, et Sean a fait un voyage en train et à vélo ⁽¹⁵⁾ __en__ Alsace et ⁽¹⁶⁾ __en__ Provence. Plusieurs étudiants ont l'intention d'aller ⁽¹⁷⁾ __au__ Mexique pendant les vacances de printemps. Quant à moi, j'amerais un jour aller ⁽¹⁸⁾ __à__ Douala, ⁽¹⁹⁾ __au__ Cameroun.

B. Interview. Un étudiant français qui est aux États-Unis dans un programme d'échange est curieux des habitudes de voyage des autres. Répondez à ses questions avec des phrases complètes.

1. D'où venez-vous ?

   Je viens de New Hampshire — c'est à dire, je viens des États-Unis.

2. Quelles villes avez-vous visitées récemment ?

   Pendant mes vacances, j'ai visité New York City et Boston.

3. Où aimeriez-vous vivre un jour ?

   C'est bizarre, mais j'aimerais vivre en Écosse.

4. Est-ce que vous refuseriez de vivre dans certains pays ou dans certaines villes ? Lesquels ?

   Je ne voudrais pas vivre au Mexique parce que c'est trop chaud.

Nom _____ Classe _____ Date _____

5. Avez-vous déjà visité des pays francophones ? Lesquels ?

Oui ! J'ai voyagé en France et en Suisse et en Belgique (peut-être les autres ?)

Journal

Dans ce chapitre, vous avez découvert la diversité à l'intérieur de la France. La carte au début du chapitre dans le texte illustre la diversité linguistique du pays. Pourriez-vous créer une carte similaire pour les Etats-Unis et/ou le Canada ? Y a-t-il des différences dans le vocabulaire anglais selon les différentes régions du pays ? Quelles autres langues parle-t-on dans votre région ? Quelle est l'influence de ces langues sur l'anglais de ces régions ?

À votre tour

Dans ce chapitre, vous avez analysé comment une langue peut définir un individu, un peuple, une région ou un pays. Votre composition vous permettra de soutenir un point de vue vis-à-vis du rôle des langues secondes ou étrangères dans ce pays. Choisissez un des sujets de composition suivants:

- L'anglais : langue officielle des États-Unis ?

- Apprendre une langue étrangère : entreprise valable ?

Enrichissez votre expression

A. Quel rôle ? Quel est le rôle d'une langue dans la société ? Identifiez trois fonctions.

B. Précisez. Quel point de vue allez-vous défendre ? Précisez votre thèse.

   Modèle : L'anglais *devrait être* la langue officielle des États-Unis. OU : *Il ne faut pas* que l'anglais soit déclaré la langue officielle de ce pays.

C. Pour exprimer une opinion/un jugement. Faites une liste d'expressions employées pour donner une opinion ou un jugement. Quelle forme du verbe s'emploie après chacune de ces expressions ? Exemples : À mon avis . . . ; Il est nécessaire de . . .

D. Les pour . . . Formulez trois arguments pour soutenir votre point de vue.

E. . . . et les contre. Quel est le point de vue contraire ? Formulez deux arguments. Comment répondriez-vous à ces objections ?

Ébauchez votre plan

Organisez vos arguments selon le schéma suivant. Faites-les précéder de l'expression appropriée pour exprimer une opinion ou un jugement. D'autres expressions utiles sont données en italique dans le tableau.

Nom _____ Classe _____ Date _____

Introduction:	
Thèse :	
Arguments pour : *Par exemple* *Autre exemple* *Encore un exemple* *C'est-à-dire* *(Tout) d'abord / ensuite* *De plus* *En premier lieu / en second lieu*	
Arguments contre : *Cependant* *Excepté(e)* *Mais* *Pourtant* *Certains disent*	
Réponses aux objections :	
Conclusion : *Enfin* *En conclusion* *Finalement* *Pour toutes ces raisons*	

Écrivez

Écrivez la première version de votre composition. Organisez vos pensées en paragraphes en suivant le plan établi dans la partie précédente.

Révisez

Révisez votre première version en tenant compte des commentaires/corrections de votre lecteur.

CHAPITRE 8

Le Travail et les loisirs
Entrées dans le monde du travail

MISE EN TRAIN

Le travail et les loisirs. Réfléchissez au temps que vous passez dans chacun des domaines suivants puis complétez le graphique circulaire (*pie chart*) pour représenter ces proportions.

- travail rémunéré
- travail bénévole (*volunteering*)
- soins personnels
- récréation et loisirs actifs
- ???

- famille
- religion
- méditation ou réflexion
- bricolage

Chapitre 8

Nom _____ Classe _____ Date _____

INTERACTION

AUTREMENT DIT

A. Une rencontre. Jacqueline rencontre son ami Amadou et Benitou, la cousine de celui-ci. Complétez leur conversation avec le vocabulaire de **l'Autrement dit**.

JACQUELINE Tiens, Amadou, salut ! Tu vas bien ?

AMADOU Salut, Jacqueline. Tu connais ma cousine Benitou ? Benitou, je te présente Jacqueline.

BENITOU Bonjour Jacqueline !

JACQUELINE Bonjour Benitou !

AMADOU Benitou est en vacances pour quelques jours à Paris.

JACQUELINE Ah bon ? 1) _____ ?

BENITOU J'enseigne à des enfants à l'école primaire.

JACQUELINE Vous êtes institutrice ! Quelle coïncidence ! Moi aussi, je travaillais avec les enfants, mais on a fermé la crèche où j'avais un poste, alors maintenant je suis

2) _____ .

AMADOU 3) _____ !

JACQUELINE Et oui, c'est la vie ! Heureusement que je reçois des

4) _____ sinon je n'arriverais pas à

5) _____ ! Et toi, Amadou, tout va bien avec tes ordinateurs ?

AMADOU Tu sais, il y a toujours du travail pour les (6) _____ aujourd'hui. Mais je ne t'ai pas dit, on m'a muté en province ! Je déteste les petites villes !

JACQUELINE 7) _____ ! Mais au moins tu as du boulot (*work*) !

BENITOU Jacqueline, je sais qu'on cherche quelqu'un dans l'école où je travaille. Adressez

vous au 8) _____ et envoyez-leur votre

122 *Ouvertures* Workbook

Nom _____ Classe _____ Date _____

          9) _____ ! Avec votre formation et votre expérience,

          ils vous inviteront sûrement pour 10) _____.

    JACQUELINE   Oh, merci, pour le tuyau (*lead*), c'est gentil de votre part. Bon, je me sauve ! À la prochaine !

B. Les emplois. On vous a demandé de répondre aux questions d'une enquête sur l'emploi des étudiants et leur attitude envers l'emploi. Répondez aux questions avec une phrase complète et employez le vocabulaire de **l'Autrement dit**.

1. Qu'est-ce que vous aimeriez faire dans la vie ?

   _____

2. Qu'est-ce que vous n'aimeriez pas du tout faire ?

   _____

3. Quel est l'emploi le plus ennuyeux que vous avez jamais eu ? Y avait-il quand même des avantages ? (réductions, produits gratuits, etc.)

   _____

   _____

4. Est-ce que vous travaillez actuellement ? À mi-temps ou à plein temps ? Quels sont les avantages de votre travail ? Et les inconvénients ?

   _____

   _____

   _____

   _____

GRAMMAIRE DE BASE

Résumé de l'emploi des pronoms

A. Patrick le curieux. Le petit Patrick pose toujours beaucoup de questions. Sa mère est très occupée et ne fait pas attention à lui, alors il doit répéter ses questions. Formulez la répétition de ses questions en remplaçant le mot souligné par un **pronom**.

Chapitre 8

Nom _____ Classe _____ Date _____

1. Est-ce que les astronautes prennent beaucoup <u>de photos</u> quand ils vont sur la lune ?

   _____ ?

2. Est-ce que les crapauds (*toads*) aiment <u>les araignées</u> (*spiders*) ?

   _____ ?

3. Est-ce qu'on a trouvé des géants (*giants*) <u>sur la planète Mars</u> ?

   _____ ?

4. Est-ce que tu vas vivre avec <u>Adrienne et moi</u> quand nous serons grands ?

   _____ ?

5. Est-ce que je peux donner ma soupe <u>au chien</u> ?

   _____ ?

6. Est-ce que je peux dormir <u>dans le jardin</u> ?

   _____ ?

7. Est-ce que tu as acheté <u>mon cadeau d'anniversaire</u> ?

   _____ ?

B. Maman répond. Enfin, maman répond à Patrick. Écrivez ses réponses en utilisant des **pronoms**.

1. Oui, _____ .

2. Non, _____ .

3. Non, _____ .

4. Non, _____ .

5. Non, _____ .

6. Non, _____ .

7. Oui, _____ .

Nom _____ Classe _____ Date _____

GRAMMAIRE DE BASE

C. Être ou ne pas être. Micheline se pose des questions sur sa vie et celle de son frère Bertrand. Complétez son monologue avec une forme du verbe **être**.

1. Et bien, je crois que je _____ (présent) une femme bien équilibrée. Toute ma vie, j(e) _____ (passé composé) sportive et active. Par contre, Bertrand _____ (présent négatif) très actif.

2. Quand nous _____ (imparfait) petits, nos parents nous encourageaient à faire de la bicyclette et jouer dans le jardin mais Bertrand _____ (imparfait) toujours en train de lire un livre.

3. Un jour, nous _____ (plus que parfait) à la piscine toute la journée et quand nous sommes rentrés à la maison, le maillot de Bertrand _____ (imparfait) sec, il n'avait pas mis le pied dans l'eau !

4. Bien sûr, il est devenu prof. d'histoire à la fac. Moi, je _____ (conditionnel) au chômage plutôt que de retourner dans une salle de classe. Il faut que je _____ (subjonctif) en plein air. C'est pourquoi je _____ (présent) horticultrice. J'adore les fleurs et les jardins.

5. Demain, ce _____ (futur) la fête de Bertrand. Nous _____ (futur) tous chez lui pour lui souhaiter un bonne fête mais il _____ (futur) sans doute pressé de nous voir partir pour retourner à ses livres. S'il nous avait invité pour toute la journée, j(e) _____ (conditionnel passé) surprise !

D. Vive la différence. Micheline et Bertrand sont très différents l'un de l'autre. Complétez le paragraphe suivant avec un des verbes de la liste. Attention au choix du temps.

conduire, construire, courir, produire, traduire

Chapitre 8

Nom _____ Classe _____ Date _____

1. Micheline _____ deux ou trois kilomètres par jour pour garder la forme. Au contraire, Bertrand _____ sa voiture pour aller partout.

2. Tous les deux Micheline et Bertrand sont fiers de ce qu'ils _____ dans leur vie dans des domaine différents. Micheline _____ un grand jardin pour sa ville natale et Bertrand _____ des œuvres historiques grecs et latins.

3. Si elle avait le temps, Micheline _____ un marathon.

4. Dès que Bertrand aura un congé, il _____ des textes anciens écrits en sanscrit.

STRUCTURE I

Pour faire référence à un élément du discours déjà mentionné : les pronoms multiples

A. Qu'est-ce que tu dis ? Mme Berchan et sa sœur Mlle Durantin parlent de quitter leur petit village et de déménager en ville. Mme Berchan, qui n'entend pas très bien, doit répéter tout ce que sa sœur dit pour être sûre d'avoir bien entendu. Répétez chaque phrase en remplaçant les mots soulignés par des **pronoms**.

Modèle : Moi, je préfère habiter <u>à la campagne</u>.
Tu préfères y habiter ?

1. Je voudrais chercher <u>un poste en ville</u>.

   Tu voudrais y en chercher? un

2. Je vais parler <u>de ce projet à mon patron</u>.

   Tu vas y lui parler? → Tu vas lui en parler.

3. Je t'ai apporté <u>le journal avec les petites annonces</u>.

   Tu me l'as apporté?

4. J'ai écrit <u>la nouvelle de notre déménagement à nos parents</u>.

   Tu la leur écrit? → tu la leur as écrite

5. Tu te rappelles <u>que nous avons une cousine en ville</u> ?

   Je me le rappelle.

6. L'agent immobilier va nous montrer les appartements disponibles.

   L'agent immobilier va nous les montrer?

7. Mon mari s'intéresse à l'architecture moderne.

   Ton mari s'y intéresse?

8. Nous allons chercher un appartement dans un immeuble neuf.

   Vous allez y en chercher un? ← why is this the answer?

9. Tu n'as pas réservé de places dans le train pour le voyage en ville.

   Je n'ai pas en réservé pour le voyage en ville.
   ↳ *Je n'y en ai pas réservé...*

B. Le déménagement. Mme Berchan et sa sœur font des plans pour le déménagement. Mlle Durantin demande à sa sœur ce qu'il faut faire et celle-ci lui donne des instructions. Écrivez les ordres de Mme Berchan et utilisez autant de **pronoms** que possible.

   Modèle : Est-ce que nous emportons ce vase ?
   Oui, emportons-le!

1. Est-ce que je mets la vaisselle dans cette boîte ?

   Oui, _____

2. Est-ce que nous allons donner nos plantes à nos voisins ?

   Non, _____

3. Je dois penser à faire changer notre adresse.

   Oui, _____

4. Je vends la voiture à ton amie ?

   Non, _____

5. Tu veux que je te décrive l'appartement que nous allons occuper en ville ?

   Oui, _____

Chapitre 8

Nom _____ Classe _____ Date _____

C. Les gens sont curieux ! Une voisine un peu curieuse vous pose des tas de questions indiscrètes. Répondez à ses questions avec des phrases complètes et utilisez autant de **pronoms** que possible.

1. Est-ce que vous avez déjà perdu vos clés dans votre appartement ?

   _____

2. Est-ce que vos amis vous donnent beaucoup de conseils ?

   _____

3. Est-ce que vous donnez beaucoup de conseils à vos amis ?

   _____

4. Est-ce que vous allez souvent au restaurant avec vos amis ?

   _____

5. Est-ce qu'il y a beaucoup de papiers et de livres sur votre bureau ?

   _____

6. Est-ce que vous allez écrire des lettres à votre meilleur(e) ami(e) cet été ?

   _____

STRUCTURE II

La voix passive

A. Pauvre Laurette ! Votre ami(e) vous a écrit une lettre au sujet d'un(e) ami(e) commun(e) qui a eu des problèmes. La lettre n'est pas très lisible. Essayez de reconstituer l'histoire en utilisant les éléments que vous avez et la **voix passive** du verbe au temps indiqué entre parenthèses.

1. L'histoire de Laurette commence bien. D'abord / elle / muter / dans une grande ville. (passé composé)

   D'abord, elle a été mutée dans une grande ville.

2. Un appartement / louer / son bureau / pour elle. (passé composé)

   Un appartement a été loué par son bureau pour elle.

3. Ses meubles / déménager / aux frais de l'entreprise pour laquelle elle travaille. (passé composé)

   Ses meubles ont été démenagées aux frais de l'enterprise pour laquelle elle travaille

4. Un voiture / acheter / pour elle. (passé composé)

   Une voiture a été achetée pour elle

5. Malheureusement / son appartement / cambrioler. (passé composé)

   Malheureusement, son appartement a été cambriolé.

6. Sa télévision / son magnétoscope / son ordinateur / voler. (passé composé)

   Sa télévision, son magnétoscope, et son ordinateur ont été volés.

7. Pauvre Laurette ! Elle / traumatiser / cette expérience / parce qu'elle n'aime plus la grande ville. (passé composé)

   Elle a été traumatisée ~~et~~ par cette experience ~~a été~~ parce qu'elle n'aime plus la grande ville.

8. Elle / très admirer / ses collègues / et / son patron / pour son travail. (présent)

   Elle est très admirée par ses collegues et par son patron pour son travail.

9. Mais / son traumatisme / remarquer / tous. Alors elle a décidé de retourner dans sa petite ville. (présent)

   Mais son tramautisme est remarqué tous.
   ↓
   perçu par tous.

Chapitre 8

Nom _____ Classe _____ Date _____

10. Ses meubles / renvoyer / chez ses parents / et / son appartement / louer / à quelqu'un d'autre. (futur)

    Ses meubles seront renvoyés chez ses parents et son appartement sera loué à quelqu'un d'autre.

11. Bien sûr Laurette / tenir / responsable / pour les frais de déménagement. Quel dommage ! (futur)

    Bien sur Laurette sera tenue responsable pour les frais.

B. Pauvre Laurette (bis) ! Maintenant redites l'histoire de Laurette en évitant la **voix passive**.

1. L'enterprise a muté Laurette dans une grande ville
2. Son bureau a loué un appartement pour elle
3. On a demenagé ses meubles aux frais de l'enterprise
4. On a acheté une voiture pour elle
5. On a cambriolé son appartement
6. On a volé sa TV, son magnetoscope, et son ordinateur
7. Cette experience l'a traumatisée
8. Ses collegues et son patron l'admirent
9. Mais tous pecoire son traumatisme
10. Ses parents renvoyeront ses meubles chez eux et quelqu'un d'autre louera son appartement
11. Laurette payerai les frais pour lesquelles elle est responsable.

C. Parlons plus élégamment ! Un ami vous a demandé de l'aider à mieux parler/écrire le français. Un de ses problèmes est qu'il utilise trop la voix passive. Montrez-lui comment il peut éviter le passif dans les phrases suivantes.

1. L'espagnol et le français sont parlés aux États-Unis.

   _____

2. Les montagnes sont couvertes de neige tous les hivers.

3. Les portes du musée sont ouvertes à 9h tous les jours sauf le dimanche.

4. En France les radis sont mangés avec du beurre.

5. Les champs (*fields*) sont arrosés (*watered*) tous les jours en été.

STRUCTURE III

Pour faire faire quelque chose : le faire causatif

A. Exigences. Tout le monde fait faire quelque chose à quelqu'un d'autre ! Faites la liste des exigences en écrivant des phrases complètes avec le **faire causatif**.

1. Le professeur / ses étudiants (lire un poème)

2. Anne / sa petite sœur (faire son lit)

3. Ma mère / sa femme de ménage (faire la vaisselle)

4. Ma patronne / son assistant(e) (taper des lettres)

Nom _____ Classe _____ Date _____

B. **Souhaits.** Après avoir vu cette liste des gens qui font faire quelque chose à d'autres, vous réfléchissez à ce que <u>vous</u> voudriez faire faire aux autres. Écrivez des phrases complètes avec le **faire causatif** pour chaque personne ci-dessous.

1. par le président des États-Unis ?

   Je fais démissioner à la président

2. par votre meilleur(e) ami(e) ?

   Je fais regarder un film à mon meilleur ami.

3. par un domestique ?

   Je fais laver mes vêtements par un domestique

4. par un génie magique ?

   Je fais me donner à cent chats.

C. **Faisons connaissance.** Irène voudrait trouver un mari. Elle consulte une agence matrimoniale. Aidez-la à remplir le formulaire en écrivant une phrase complète. Employez un **faire causatif** ou une expression équivalente.

1. (list something that makes you happy and something that makes you sad)

   _____

2. (mention something that you have done for yourself)

   _____

3. (something that you would want your new companion to show you)

   _____

4. (a chore you would make him/her do)

   _____

5. (something that makes you laugh)

   _____

6. (something you want to let him/her know)

___

STRUCTURE IV

Pour mettre en valeur un élément du discours : les pronoms disjoints

A. Ah, la vie à la campagne ! Geneviève et Laurent viennent de déménager dans un petit village avec leurs enfants. Ils parlent de leur vie. Complétez le dialogue avec les **pronoms** qui conviennent.

1. _____, j'adore le village où nous habitons. Et _____ aussi, tu l'aimes ?

2. Oh, oui ! Mais les enfants, _____, ils ne trouvent pas la vie à la campagne assez intéressante.

3. Regarde ! C'est Madame Arnaud, le maire du village, non ? C'est _____ !

4. Tu te trompes. Mme Arnaud est plus grande et moins grosse qu(e) _____.

5. Eh, oui. Allez. Tu viens avec moi ? J'ai besoin de _____. Je vais chercher des fleurs pour planter autour de la maison et tu as si bon goût !

B. Servir la communauté. Dans une réunion de l'association du quartier à Bamako, on discute des problèmes de l'immigration urbaine. Répondez aux questions avec des phrases complètes et les **pronoms** qui conviennent.

1. Qui a organisé cette réunion ? (*M. Litongo*)

___

2. À qui est la voiture garée devant le bâtiment ? C'est un stationnement interdit ! (*Mme Vétinde*)

___

3. Est-ce que nous allons parler des provinciaux qui déménagent en ville de plus en plus ? (*oui*)

___

Chapitre 8

4. Est-ce que nous allons nous occuper de la femme qui s'est fait mettre dehors (*evicted*) pour avoir commencé un feu dans sa maison ? (*non*)

_____

5. Allons-nous penser aux gens qui sont au chômage ? (*oui*)

_____

6. Mariame, vas-tu travailler avec les mères de famille qui ont besoin d'aide avec leurs enfants ? (*oui*)

_____

7. Avons-nous besoin des autres pour terminer la discussion ? (*non*)

_____

8. Qui va payer pour les programmes d'aide ? (*l'association*)

_____

Journal

Quelles seraient des vacances idéales pour un(e) Américain(e) ? et pour un(e) Français ? Certains disent que pour les Américains, les vacances doivent se mériter. Êtes-vous d'accord avec cette analyse de l'attitude des Américains envers le loisir ? Les Français ont-ils la même attitude ? Basez vos réflexions sur les images et les textes de ce chapitre et sur vos discussions en classe.

Nom _____ Classe _____ Date _____

À votre tour

Félicitations ! Vous avez la possibilité d'améliorer votre français en passant une année à travailler en France ou dans le pays francophone de votre choix. Pour obtenir un poste, il faut tout simplement écrire un essai dans lequel vous justifierez votre choix de ville / pays et de métier. Il faut aussi joindre un *curriculum vitæ* (CV) pour faire preuve de vos qualifications.

Enrichissez votre expression

A. Choix d'emploi. À quel emploi vous destinez-vous ? Quelles sont les capacités nécessaires pour exercer cet emploi ? Choisissez parmi les possibilités suivantes.

- analyse

- dextérité manuelle

- acuité visuelle

- connaissances en comptabilité

- connaissances linguistiques

- capacité à raisonner

- possibilité de se déplacer

- contact avec le public

- ? ? ?

B. Préparations. Quelles expériences vous ont préparé(e) à cet emploi ?

C. Récompenses. En quoi cet emploi va-t-il vous récompenser ? Y a-t-il des avantages financiers ? S'agit-il d'une récompense intellectuelle ou personnelle ?

D. Quel pays ? Quelle ville / région ? Choisissez le pays, la ville ou la région où vous aimeriez passer l'année. Pourquoi avez-vous fait ce choix ?

E. Les formules. Les formules de politesse sont très importantes dans la correspondance officielle. Analysez les formules suivantes et choisissez la fonction à laquelle elles correspondent.

Formule	Fonction
1. Je vous prie de croire, Monsieur (Madame), à l'expression de mes sentiments distingués.	a. formule de politesse initiale b. formule de politesse finale c. pour terminer la lettre
2. J'ai l'honneur de poser ma candidature au poste de . . .	d. pour présenter un document annexe

Chapitre 8

Nom _____ Classe _____ Date _____

3. Dans l'attente d'une réponse favorable . . .
   e. pour entrer en matière
4. Vous trouverez ci-joint mon curriculum vitæ . . .
5. Monsieur (Madame),

A. Votre CV. Pour faire preuve de vos qualifications, il faut fournir un *curriculum vitæ*. Analysez le modèle suivant et refaites-le pour répondre à votre propre situation.

Modèle :		**Vous :**
Nom :	MICHEL, Géraldine	
Date de naissance :	le 20 mai 1977	
Lieu de naissance :	Lyon	
Nationalité :	française	
Adresse actuelle :	11, place Villebœuf 42000 St-Étienne Tél. 04 77 26 75 24	
Formation :	1998 : Licence, Université de Paris—Nanterre	
Expérience :	1996 : Stage, Banque de France 1997 : Stage à l'étranger : State Street Bank, Boston	
Emploi actuel :	1998 : Employée au service crédit, Société Générale, Lyon	
Langues pratiquées :	Anglais courant : lu parlé, écrit Allemand, lu	
Connaissances en informatique :	—Traitement de texte, Microsoft Word (Versions Mac et Windows) —Tableur, Lotus 1, 2, 3	
Centres d'intérêt :	Ski nautique, deltaplane	

Nom _____ Classe _____ Date _____

B. Partie I. Saluez votre destinataire et posez votre canditature. Précisez quel endroit et quel emploi vous intéressent le plus.

C. Partie II. Expliquez pourquoi vous avez choisi l'emploi et l'endroit indiqués dans le premier paragraphe.

D. Partie III. Terminez votre lettre, en insistant sur votre intérêt ainsi que sur vos compétences.

Écrivez

Écrivez la première version de votre lettre. Organisez vos pensées en paragraphes en suivant le plan établi dans la partie précédente.

Révisez

Révisez votre première version en tenant compte des commentaires / corrections de votre lecteur.

CHAPITRE 9

Perspectives sur le passé
L'histoire et la mémoire

MISE EN TRAIN

Le passé. Dites si les phrases suivantes sont vraies (V) ou fausses (F) pour vous. Pour chaque phrase élaborez sur votre réponse.

1. Il y a beaucoup de sites historiques dans la région. V F

   _____

2. Quand nous avons des visiteurs nous leur faisons visiter les lieux à signification historique. V F

   _____

3. Je connais en détail les origines raciales et ethniques de ma famille. V F

   _____

4. Mes grands-parents (ou parents, oncles, tantes) parlent souvent de leurs expériences de jeunesse. V F

   _____

5. Il y a des jours fériés (*national holidays*) importants qui marquent des événements historiques. V F

   _____

Nom _____ Classe _____ Date _____

INTERACTION

AUTREMENT DIT

A. Qui est-ce ? À une soirée, vous entendez deux amies parler des autres invités. Complétez ce qu'elles disent en utilisant les expressions de **l'Autrement dit**. Soyez créatifs(ves) mais logiques !

MARIE-FRANCE 1) _____, tu 2) _____ Christophe ?

JOSETTE Non, 3) _____ ?

MARIE-FRANCE Il est grand et 4) _____ .

JOSETTE Ah, bon. 5) C' _____ la 6) _____ à côté de lui ?

MARIE-FRANCE 7) _____ qui a les cheveux longs ?

JOSETTE Oui, 8) _____ ?

MARIE-FRANCE C'est 9) _____, je crois !

JOSETTE Dommage !

B. Qu'est-ce que c'est ? Vous habitez en France chez une famille d'accueil française. Malheureusement vous ne connaissez pas le vocabulaire pour certains objets de tous les jours. Essayez de décrire ces objets pour faire comprendre ce dont vous avez besoin. La réponse de vos hôtes français est indiquée.

1. _____

— C'est une fourchette.

2. _____

— C'est un taille-crayon (*pencil sharpener*).

3. _____

— C'est un oreiller (*pillow*).

Nom _____ Classe _____ Date _____

4. _____

   — C'est un ouvre-boîte.

5. _____

   — C'est une gomme (*eraser*).

C. **Interview.** Une collègue qui voudrait vous connaître mieux vous pose beaucoup de questions personnelles. Répondez à ses questions avec des phrases complètes en utilisant le vocabulaire de **l'Autrement dit**.

1. Avec qui est-ce que vous vous entendez bien ?

   _____

   _____

2. Avec qui est-ce que vous vous disputez ?

   _____

   _____

3. Qu'est-ce que vous avez fait hier, et qu'est-ce que vous auriez dû faire au lieu de cela ?

   _____

   _____

4. Qu'est-ce que vous auriez mieux fait de faire récemment ?

   _____

   _____

D. **Reproches.** Personne ne fait ce qu'il faut dans toutes les situations. Utilisez cinq expressions différentes tirées du vocabulaire de **l'Autrement dit** pour faire des reproches aux personnes (y compris vous-même) dans les situations suivantes.

1. Martine a quitté son appartement pour le week-end et elle a laissé une fenêtre ouverte.

   _____

Chapitre 9

Nom _____ Classe _____ Date _____

2. Merzak n'est pas allé à la fête d'anniversaire de son meilleur ami. Il n'a même pas téléphoné pour faire ses excuses.

   _____

3. Agnès ne peut jamais trouver ses clés.

   _____

4. Vous oubliez constamment les dates d'anniversaire de vos amis.

   _____

5. Vous êtes allé(e) au supermarché mais vous avez oublié d'acheter trois choses dont vous aviez besoin.

   _____

E. **Souvenirs.** La grand-mère de Khadija parle de sa vie chez elle à Oran en Algérie. Complétez la conversation. Employez des expressions de **l'Autrement dit** autant que possible.

LA GRAND-MÈRE	1) _____ de notre vie à Oran. Khadija, 2) _____ de la maison où nous habitions ?
KHADIJA	Je 3) _____, mais je 4) _____ qu'il y avait un grand jardin avec des orangers.
LA GRAND-MÈRE	Ou oui ! 5) _____ les bons jus d'orange que nous prenions le matin au petit déjeuner !
KHADIJA	6) _____ qu(e) 7) _____, tu avais fait une grande réunion de famille dans cette maison et que j'avais chanté pour toute la famille !
LA GRAND-MÈRE	C'est vrai. Tu avais quatre ou cinq ans et tu étais très mignonne !

F. **Une dose de philosophie.** Michel se plaint de sa vie à sa sœur Fabienne. Elle essaie d'être compréhensive en l'écoutant. Complétez le dialogue avec ce qu'elle dit en employant le vocabulaire de **l'Autrement dit**.

1. MICHEL	Je suis fatigué de travailler à l'usine. Je dois me lever très tôt tous les matins et je ne gagne pas assez d'argent pour m'amuser un peu.
FABIENNE	_____
2. MICHEL	Oui, je ne voulais pas devenir ouvrier. J'aurais dû poursuivre mes études !

Nom _____ Classe _____ Date _____

Fabienne _____

3. Michel   Je voudrais une carrière qui paie le triple de mon salaire actuel et qui me permette d'être le patron. Ce n'est pas juste que je doive travailler si dur !

Fabienne _____

ÉTUDE DE VOCABULAIRE

Le verbe devoir

A. Dette, probabilité, regret ou obligation ? Une cousine qui étudie le français vous a demandé d'expliquer l'usage et les différents sens du verbe **devoir**. Elle vous donne des exemples des phrases qu'elle a entendues récemment. Marquez ses phrases selon le code suivant : **a.** dette **b.** probabilité **c.** regret **d.** obligation.

1. __B__ Anne n'est pas venue à ta soirée jeudi ? Elle a dû être occupée.
2. __C__ Tu crois ? J'aurais dû lui téléphoner, mais j'étais tellement pressée . . .
3. __D__ Mais non ! C'est elle qui devrait faire ses excuses !
4. __D__ Tu as raison. Figure-toi, c'était elle qui devait apporter le gâteau.
5. __B__ Une fête d'anniversaire pour le patron . . . sans gâteau ! Ça a dû être gênant !
6. __A__ En plus, elle me doit 50F pour le cadeau !

B. Une lettre. Écrivez une lettre brève mais honnête à votre correspondant(e) pour lui dire: 1) une obligation que vous n'avez pas remplie; 2) une obligation que vous avez cette semaine; 3) une obligation que vous avez à faire aujourd'hui; 4) une obligation que vous devez remplir avant la fin de la semaine; 5) une chose que vous avez probablement faite.

_____

_____

_____

_____

_____

_____

Chapitre 9

Nom _____ Classe _____ Date _____

GRAMMAIRE DE BASE

Les phrases avec *si*; la conjugaison du verbe *devoir*

A. **Projets d'avenir.** Vous entendez Gaston et Germaine qui font des projets d'avenir. Complétez ces phrases de leur conversation avec la forme correcte des verbes entre parenthèses. Choisissez le **présent**, le **futur**, l'**imparfait** ou le **conditionnel**.

1. Si tu travailles dur, Gaston, nous __pourrions__ (pouvoir) gagner plus d'argent.

2. Si nous __faisons__ (faire) des économies, nous ne devrons pas faire des demandes d'emprunt à la banque.

3. Nous __nous amuserions mieux__ (s'amuser mieux) si nous avions une voiture de sport décapotable.

4. Si nous rencontrons des gens bien, nous __irons__ (aller) en visite dans les salons les mieux fréquentés.

B. **Rêveries.** À propos des différences de classe sociale, imaginez comment serait votre vie dans les situations suivantes.

1. Si j'étais célèbre, __j'achèterais une grande maison en France.__

2. Si j'étais milliardaire, __je donnerais bcp d'argent pour les organisations d'activisme__

3. Si j'habitais un château, __j'inviterais tout le monde pour un grand fête.__

C. **Une soirée inoubliable.** Fatoumata et ses amis sont allés à un dîner très élégant hier soir. Elle raconte la soirée à sa mère. Complétez ses phrases avec la forme correcte du verbe *devoir* au temps indiqué entre parenthèses.

1. Pour la soirée hier soir, j(e) _____ m'acheter une nouvelle robe très chère. (passé composé)

2. Amina _____ venir aussi mais elle _____ partir en voyage d'affaires à la dernière minute (imparfait / plus-que-parfait)

3. Rachid a pris des photos de tout le monde, il _____ venir nous les montrer cet après-midi. (présent)

4. Nous _____ envoyer un mot pour remercier Mme Duteuil pour cette excellente soirée. (conditionnel)

5. J(e) _____ lui apporter des fleurs. (passé conditionnel)

Nom _____ Classe _____ Date _____

STRUCTURE I

Pour exprimer les conditions irréelles : le conditionnel passé

A. Un mariage raté. Votre amie Chantal réfléchit à son mariage raté. Elle est bouleversée (*very upset*). Aidez-la en complétant ses phrases.

1. Si je _____ (se marier) avec Yves Darnet, je _____ (ne . . . pas / avoir) autant de problèmes.

2. Si mon mari et moi nous _____ (faire) des efforts pour nous parler, nous _____ (ne . . . pas / devoir) divorcer.

3. Si je _____ (écouter) maman, je _____ (ne . . . pas / épouser) quelqu'un qui n'était pas du même milieu que ma famille.

4. Nous _____ (s'amuser) mieux si nous _____ (avoir) les mêmes goûts.

5. Si je _____ (savoir) que Patrick n'aimait pas ma famille, je _____ (rompre) avec lui avant le mariage !

B. C'est à vous. Qu'auriez-vous fait différemment ? Répondez aux questions suivantes.

1. Si je n'avais pas choisi d'étudier le français _____

2. Si j'avais su que _____

3. Si nous avions eu le temps _____

4. J'aurais pu mieux m'amuser ce week-end si _____

5. Mes amis m'auraient rendu très heureux(se) si _____

Chapitre 9

Nom _____ Classe _____ Date _____

STRUCTURE II

Pour faire référence à quelqu'un ou à quelque chose : les pronoms démonstratifs

A. L'orgueil national. Élise et Timothy comparent Paris et New York. Chacun préfère la ville de son propre pays. Complétez ce qu'Élise dit avec la forme correcte du **pronom démonstratif**.

1. Les bâtiments de Paris sont plus historiques que ____celles____ de New York.

2. Les serveurs à Paris sont plus professionnels que ____ceux____ de New York.

3. Le métro de Paris est moins dangereux que ____celui____ de New York.

4. Oui, les rues de Paris sont aussi bruyantes que ____celles____ de New York.

5. Mais l'ambiance de Paris est plus agréable que ____celle____ de New York.

B. Oreille indiscrète. Au centre commercial, vous entendez des bribes de conversations. Essayez de deviner de quoi parlent les gens. Choisissez la réponse la plus logique selon le **pronom démonstratif**.

1. _____ Cela n'est pas normal.   a. cette robe

2. _____ Celle-là ? Elle dit des bêtises.   b. cet homme

3. _____ Celle-là ? Elle est trop longue.   c. cette nouvelle

4. _____ Écoutez ceci !   d. cette femme

5. _____ Écoutez celui-là !   e. cette réaction

C. Comparaisons. Après avoir examiné différents aspects de la vie et de la culture françaises et ceux d'autres pays francophones, essayez de faire des comparaisons. Utilisez le **pronom** démonstratif dans des phrases complètes qui comparent les éléments suivants.

Modèle : le pain de France / le pain des États-Unis

Le pain de France est meilleur que celui des États-Unis.

1. les films de Hollywood / les films de France

_____

_____

Nom _____ Classe _____ Date _____

2. l'attitude envers le travail en France / aux États-Unis

3. les bâtiments de Paris / les bâtiments de votre ville

4. le système d'éducation en France / le système d'éducation des États-Unis.

5. les conflits linguistiques du Canada / les conflits linguistiques des pays africains.

STRUCTURE III

Pour exprimer l'antériorité : le passé du subjonctif

A. Regrets ou non ? La grand-mère de Khadija parle de ses sentiments quand sa famille a déménagé en France il y a 20 ans. Écrivez ce qu'elle dit en utilisant **le passé du subjonctif** ou **le passé de l'infinitif**.

1. Je suis heureuse / toute ma famille / venir en France ensemble.

2. Je ne suis pas sûre / nous / vraiment abandonner notre patrie.

3. Je regrette / je / ne pas apporter tous les beaux tapis que nous avions chez nous

4. J'ai peur / Khadija / ne pas toujours recevoir une éducation algérienne.

Chapitre 9

5. Je suis surprise / ses parents / ne pas obliger Khadija à apprendre l'arabe.

_____

6. Aujourd'hui mes sœurs sont désolées / rester à Oran.

_____

7. Et quelquefois, je suis triste / quitter l'Algérie.

_____

B. **Évaluation.** Réfléchissez à des décisions que vous avez prises et que vous regrettez peut-être maintenant.

1. Je regrette que . . .
   Je regrette que tu n'aies pas gagné la lotterie.

2. J'aurais préféré . . .
   J'aurais préféré d'avoir etudier les maths en lycée.

3. J'ai peur que . . .
   J'ai peur que mes amies de lycée ne m'aimes plus. (tu n'aies pas reçu les bons notes)

4. Je suis content(e) de . . .
   Je suis contente que nous ayons pu rencontrer aujourd'hui.

STRUCTURES IV ET V

Pour exprimer le doute ou l'incertitude : le subjonctif après les antécédents indéfinis
Pour exprimer une opinion : le subjonctif dans les propositions relatives

A. **Possibilités et réalités.** Michel, un ouvrier mécontent, continue à parler de sa situation de travail et de ses espoirs. Complétez ses phrases avec le **subjonctif** ou **l'indicatif**.

1. Dans l'usine où je travaille, je ne connais personne qui *puisse travailler dur.*

2. Pourtant, je connais un ouvrier qui *dort à son travail.*

Nom _____ Classe _____ Date _____

3. Je cherche un autre travail qui me paies le plus argent.

4. C'est la seule chance que j'aie un autre travail

5. Il n'y a rien d'autre que j'aime faire.

B. Des opinions absolues. Vous avez une opinion au sujet de tout ! Qu'est-ce que vous diriez au sujet des éléments suivants ? Faites des phrases complètes en utilisant les éléments donnés.

    Modèle :   meilleur professeur / connaître

                C'est le meilleur professeur que je connaisse.

1. meilleur film / voir

_____

2. roman moins intéressant / lire

_____

3. seule marque / bluejean / porter

_____

4. cours plus intéressant / suivre

_____

5. meilleur athlète / connaître

_____

Chapitre 9

Nom _____ Classe _____ Date _____

Journal

Qu'est-ce que la photo de l'Alamo, à la page X, évoque pour vous ? Connaissez-vous d'autres lieux qui sont chargés de significations historiques pour les États-Unis ? Quels personnages historiques américains ont une place importante dans l'imagination collective américaine ? Que représentent-ils ?

À votre tour

Chantal, la nièce de Mme Lalande, veut se marier avec « un jeune homme d'une petite ville de province ». Sa mère, Monique, n'approuve pas. Vous allez écrire la scène où Monique rencontre le futur fiancé de Chantal. Comment l'accueillera-t-elle ? Quelles sortes de questions posera-t-elle ? Changera-t-elle d'avis après avoir fait la connaissance de ce jeune homme ?

Nom _____ Classe _____ Date _____

Enrichissez votre expression

- **A. La distribution.** Identifiez les personnages dans cette scène. Donnez-leur un nom, si nécessaire.

- **B. Comment sont-ils ?** Comment sont les personnages ? Décrivez-les au physique et au moral. Comment parleront-ils ? (simplement, discrètement, sérieusement ?) Comment agiront-ils ? (lentement, rapidement, avec agitation ?)

- **C. La scène et le décor.** Où se passe cette scène ? À quel moment (un repas, l'heure du thé . . .) ? Décrivez le décor.

- **D. Le drame.** La mère de Chantal veut en apprendre autant que possible sur les origines, la famille et l'avenir de ce jeune homme. Quelles sortes de questions posera-t-elle ?

- **E. Les réactions.** Imaginez la réaction du jeune homme. Essaiera-t-il d'impressionner la mère de Chantal ? Se fâchera-t-il ? Fera-t-il une gaffe ?

- **F. Le dénouement.** Est-ce que tout finira bien ? La mère de Chantal approuvera-t-elle le mariage ?

Ébauchez votre plan

En préparant votre scène, suivez les indications données.

- **A. Partie I.** Entrée du jeune homme; présentations; conversation polie

- **B. Partie II.** Questions posées au jeune homme; réponses et explications

- **C. Partie III.** Conclusion de la mère; réaction du couple

Écrivez

Écrivez la première version de votre scène. Indiquez la façon dont les discours seront prononcés. Indiquez aussi tous les gestes qui accompagneront l'action.

Révisez

Révisez votre première version en tenant compte des commentaires / corrections de votre lecteur.

Chapitre 9

Nom _____ Classe _____ Date _____

CHAPITRE 10

L'avenir de la France dans l'Europe
Frontières ouvertes

MISE EN TRAIN

Les groupes culturels. Réfléchissez aux différents groupes ethniques et culturels représentés aux États-Unis, puis répondez aux questions ci-dessous. Il n'est pas nécessaire de faire des phrases complètes.

1. Quelles sont les cultures et les ethnies représentées aux États-Unis ?

   _____

2. Est-ce que ces groupes correspondent à des communautés dans des régions spécifiques du pays ?

   _____

3. Comment les différences entre ces communautés se manifestent-elles (par la langue, la religion, l'économie, etc.) ?

   _____

4. Y a-t-il des conflits entre ces différents groupes culturels ?

   _____

5. Quelle est la source de ces conflits (l'histoire, l'économie, les préjugés, etc.) ?

   _____

Et ailleurs ? Réfléchissez aux rapports entre les États-Unis et les autres nations.

1. Y a-t-il des pays ou régions avec lesquels les États-Unis ont un rapport privilégié ?

   _____

Nom _____ Classe _____ Date _____

2. Y a-t-il des conflits culturels entre les États-Unis et les autres pays ou régions du monde ?

   _____

3. Dans quel(s) domaine(s) ces conflits se manifestent-ils ? la politique ? l'économie ? les sports ? les médias ? les arts ?

   _____

INTERACTION

AUTREMENT DIT

A. **L'U.E.** Depuis que vous étudiez l'Union européenne, vos amis sont devenus très curieux à ce sujet et vous posent beaucoup de questions. Répondez-y avec des phrases complètes et en utilisant le vocabulaire de **l'Autrement dit**.

1. Qu'est-ce qui unit les pays de l'U.E. ?

   _____

   _____

   _____

2. Dans quelle mesure les Français se sentent-ils impliqués dans l'Union européenne ?

   _____

   _____

   _____

3. Sur quels plans l'Europe pourrait-elle se renforcer en tant que communauté ?

   _____

   _____

   _____

   _____

4. Pensez-vous que l'Europe doive se créer une identité culturelle, ou vaudrait-il mieux qu'elle défende ses particularismes ?

5. À votre avis, les Américains ont-ils une identité plutôt nationale ou régionale ?

B. Situations. Dans quelle situation et à qui diriez-vous les phrases suivantes ?

1. Ne me parle pas sur ce ton !

2. Oh là là ! Je n'en reviens pas !

3. Tu as du culot, toi !

4. Tu as l'air en pleine forme !

5. Ce n'est pas possible !

Chapitre 10

Nom _____ Classe _____ Date _____

C. **La Guadeloupe.** Marie-José, qui est de Basse-Terre en Guadeloupe, parle de sa vie en France avec Nathalie, une jeune femme qu'elle a rencontrée à l'université à Lille. Complétez le dialogue en ajoutant les réactions de Marie-José. Utilisez le vocabulaire de **l'Autrement dit**.

NATHALIE   Tiens, bonjour Marie-José ! Tu vas bien ?

MARIE-JOSÉ   Non, 1) _____

NATHALIE   Mais, pourquoi donc ?

MARIE-JOSÉ   Je ne sais pas. Je crois que j'ai le mal du pays, je ne m'adapte pas bien à la vie ici. Le soleil et la chaleur me manquent.

NATHALIE   2) _____

Je croyais que tu t'habituais si bien à la vie dans la Métropole. Après tout, tu es très raffinée pour quelqu'un qui vient des îles ! Et puis, tu n'as pas la peau très foncée.

MARIE-JOSÉ   3) _____ !

ÉTUDE DE VOCABULAIRE

A. **Retour au pays.** Écoutez ce que Myriam confie à sa meilleure amie et complétez des phrases avec la forme correcte d'un des verbes suivants: rendre, rentrer, retourner, revenir.

1. Tu sais Elise, ma famille me manque terriblement, je voudrais _____ au Maroc.

2. Mais, ne t'en fais pas, je _reviendrai_ te voir.

3. Après tout, tu dois me _rendre_ tous les DVDs que je t'ai prêtés.

4. Et toi, tu penses _retrer_ chez tes parents à Haiti, un jour ?

5. Bon, moi, je dois _rentrer_ à la maison maintenant, parce que j'ai beaucoup de travail !

GRAMMAIRE DE BASE

Les expressions temporelles

A. **Projets de vacances.** Deux amis parlent des projets de vacances de Camille. Complétez les phrases suivantes avec une préposition de la liste suivante : **pour, pendant, en, dans** ou **depuis**.

Nom _____ Classe _____ Date _____

1. Tu sais, Camille cherche un lieu idéal pour ses vacances __depuis__ trois mois !

2. Moi, je pourrais me décider __en__ une minute !

3. Elle est très indécise. L'année dernière, elle voulait aller en Belgique __pour__ quelques jours mais elle ne pouvait pas choisir entre Bruxelles et Anvers dans la région flamande. Elle a regardé les brochures touristiques __pendant__ trois heures à l'agence de voyage et finalement elle est restée à Paris !

4. J'en sais rien, mais si elle ne trouve pas les vacances idéales __dans__ deux jours, elle va rater les tarifs spéciaux !

B. **Un nouvel appartement.** Gilles et Adrienne viennent de déménager dans un nouvel appartement et sont en train de décider comment disposer leurs meubles. Aidez-les en complétant les phrases suivantes avec une des prépositions de la liste ci-dessous. Ne répétez pas de préposition.

à côté de, au dessus de, derrière, devant, en face de, sous, sur.

1. Mettons le tapis (*rug*) __sous__ la table basse.

2. Si nous mettons l'armoire __devant__ la fenêtre il n'y aura pas assez de lumière dans la chambre.

3. Mettons l'horloge __au-dessus__ l'affiche.

4. Il vaudrait mieux mettre la télé __en face de__ le sofa.

5. Il faut que je mette une petite lampe _____ mon lit.

STRUCTURE I

Pour exprimer les rapports de temps et de cause : la forme verbale après les conjonctions

A. **La Belgique.** Vous avez étudié la Belgique dans votre manuel de français et vous voulez prendre des notes sur ce que vous avez appris. Écrivez des phrases complètes avec les éléments donnés. Attention au temps des verbes et aux conjonctions que vous devez utiliser.

1. Avant (de/que) / la Belgique / devenir un état / les Wallons et les Flamands / être / déjà en conflit.

   Avant que la Belgique devienne un état les Wallons + les Flamands soient déjà en conflit

Chapitre 10

Nom _____ Classe _____ Date _____

2. Les conflits / continuer / jusqu'à ce que / l'état belge / se transformer en fédération.

   Les conflits continuaient jusqu'à ce que l'état Belge s'a transformé en fédération

3. À moins (de/que) / les trois communautés / s'entendre / l'état central / pouvoir / se désintégrer.

   A moins que les 3 communautés ne s'entends l'état

4. Sans (Ø/que) / véritable unité linguistique et culturelle / la Belgique / avoir / du mal à se définir.

   Sans

5. Après (Ø/que) / décentraliser les institutions gouvernementales il y a quelques années / les dirigeants / devoir / créer deux niveaux d'organisation.

   Apres que avoir décentralisé les dirigeants ont du

6. Bien (que) / les identités culturelles / être / mieux préservées et respectées / des inégalités économiques / subsister toujours / entre les trois régions.

B. C'est à vous. Réfléchissez à votre vie et vos plans d'avenir. Puis, complétez les phrases suivantes.

1. J'aimerais habiter cette ville jusqu'à ce que _____

2. J'aime voyager à condition que _____

158 *Ouvertures* Workbook

Nom _____ Classe _____ Date _____

3. Mes amis me disent souvent : « Tu n'aurais pas dû faire ça sans _____

_____

4. J'aurai plus de temps libre après _____

_____

5. Je vais continuer à faire ces exercices de français afin de _____

_____

STRUCTURE II

Pour situer dans le temps : les prépositions de temps

A. L'Europe. Votre correspondante Brigitte vous a envoyé un message par courrier électronique pour répondre à vos questions sur l'Union européenne, mais certains mots n'ont pas été transmis. Complétez le texte en ajoutant les **prépositions** qui conviennent.

1. _____ 1993 approximativement, certains pays d'Europe ont décidé d'adopter une monnaie unique _____ l'an 2002.

2. L'euro a été mis en usage _____ 2002 et pour toujours.

3. C'est décidé, alors, _____ l'avenir, il y aura une monnaie unique pour toute l'Europe.

B. Le bon vieux temps. Le grand-père de Brigitte parle du « bon vieux temps ». Complétez ses phrases avec **l'article** ou la **préposition** qui convient. Mettez un Ø si aucun mot n'est nécessaire.

1. _____ le temps, la vie était plus simple.

2. À partir _____ vingtième siècle, la vie est devenue trop compliquée à cause de la technologie.

3. _____ vendredi matin, par exemple, j'ai reçu deux coups de téléphone pas du tout urgents avant de prendre le petit déjeuner.

4. Puis le four à micro-ondes est tombé en panne et il a fallu que je cherche un dépanneur qui veuille travailler _____ week-end.

5. _____ l'avenir, je n'achèterai plus d'appareils électroniques... sauf un répondeur !

Chapitre 10

Nom _____ Classe _____ Date _____

C. Interview. Répondez aux questions personnelles suivantes avec des phrases complètes.

1. Qu'est-ce que vous préférez ne pas faire le samedi ?

   Je préfère ne pas travailler le samedi

2. Qu'est-ce que vous allez faire samedi ?

   J'irai à Ardmore samedi

3. Vers quelle heure préférez-vous faire de l'exercice ou du sport ?

   Pas des heures?

4. Pensez à un(e) que vous n'avez pas vu(e) depuis longtemps. Qu'est-ce qu'il / elle a sans doute déjà fait ?

   Ma mère ~~est~~ probablement travaille ou elle lit

5. À quel siècle auriez-vous aimé vivre ?

   Dans le quarantième siècle (dans la futur)

STRUCTURE III

Pour rapporter le discours de quelqu'un : le discours indirect

A. Une rencontre inattendue. Votre amie Agnès a rencontré un acteur de cinéma très célèbre. Elle vous a appelé et vous a raconté l'incident au téléphone tout de suite. À votre tour, vous appelez une autre amie pour lui raconter l'histoire. Changez les phrases d'Agnès du discours direct au **discours indirect** selon le modèle.

    Modèle : « Je faisais des courses au centre commercial. »

    Elle m'a dit qu'elle faisait des courses au centre commercial.

1. «Je venais d'acheter une chemise pour Thierry. »

   _____

2. « J'avais décidé de rentrer chez moi . . . »

   _____

3. «. . . Quand soudain, il est entré dans la boutique ! »

   _____

Nom _____ Classe _____ Date _____

4. « Il portait des lunettes de soleil . . . mais je l'ai reconnu ! »

   _____

5. « Je serais partie tout de suite . . . »

   _____

6. «. . . Mais il m'a demandé mon opinion sur une chemise qu'il regardait ! »

   _____

7. « Puis, je lui ai demandé son autogrpahe . . . »

   _____

8. « . . . et écoute-moi bien ! »

   _____

9. «Il me l'a refusé ! »

   _____

10. « Je n'irai jamais plus voir les films de cet égoïste ! »

    _____

B. Marie-José et Nathalie. Marie-José est toujours énervée (*upset*) à la suite de sa conversation avec Nathalie. Elle appelle sa famille à Basse-Terre pour leur raconter la conversation. Écrivez ce qu'elle dit en utilisant le **discours indirect**.

_____

_____

_____

_____

_____

Chapitre 10

Nom _____ Classe _____ Date _____

C. Discours rapportés. Répondez aux questions personnelles suivantes en employant le **discours indirect**.

1. Est-ce que vous avez reçu un compliment récemment ? Qu'est-ce qu'on vous a dit ?

   _____

2. Est-ce que vous avez posé une question à un professeur récemment ? Qu'est-ce que vous lui avez demandé ?

   _____

3. Est-ce que vous avez parlé à un vendeur ou à une vendeuse récemment ? Qu'est-ce qu'il/elle vous a dit ?

   _____

4. Si vous pouviez parler au président, qu'est-ce que vous lui diriez ?

   _____

5. Si vous dîniez chez un(e) ami(e) et vous n'aimiez pas le plat qu'il/elle avait préparé, qu'est-ce que vous lui diriez ?

   _____

STRUCTURE IV

Pour narrer : récapitulation des temps du verbe

A. Les bienfaits de la lecture. Eloïse raconte comment elle est devenue romancière. Complétez ses phrases avec la forme et le temps corrects du verbe entre parenthèses.

1. Quand j(e) _____ (être) petite, mon père me _____ (lire) une histoire chaque soir à l'heure du coucher.

2. J'écoutais jusqu'à ce que je _____ (s'endormir), et puis je _____ (faire) de beaux rêves.

3. C'est pour cette raison sans doute que j(e) _____ (avoir) une imagination si riche pendant mon enfance, et que depuis ce temps, j(e) _____ (adorer) lire.

4. Si mon père _____ (ne ... pas / prendre) le temps de me lire des histoires quand j'étais petite, peut-être que je _____ (ne ... jamais / écrire) un roman moi-même !

Nom _____ Classe _____ Date _____

5. Aujourd'hui, je _____ (lire) dans l'avion, dans le bus, dans le jardin... et j'espère que quand je _____ (être) vieille, j(e) _____ (avoir) même plus de temps à passer à lire et à écrire.

B. Le Petit chaperon rouge (Little Red Riding Hood). Eloïse raconte un conte pour les enfants, puis elle parle de ce que les enfants apprennent à travers ce conte. Complétez ces phrases avec la forme et le temps corrects des verbes entre parenthèses.

1. Il était une fois une fille qui _____ (porter) toujours un chaperon rouge, donc tout le monde l' _____ (appeler) le Petit chaperon rouge.

2. Un jour, la mère du petit chaperon rouge lui _____ (donner) des friandises à apporter à sa grand-mère qui _____ (être) malade.

3. Le petit chaperon rouge _____ (ne... jamais / aller) chez sa grand-mère toute seule, donc elle en _____ (être) très fière !

4. Pendant qu'elle _____ (se promener) dans la forêt, le petit chaperon rouge _____ (rencontrer) un méchant loup.

5. Bien que sa mère lui _____ (dire) de ne pas parler aux inconnus, le petit chaperon rouge _____ (répondre) volontiers à toutes les questions du loup.

6. Elle lui _____ (dire) qu'elle _____ (aller) chez sa grand-mère, et lui a même donné l'adresse !

7. Quand elle _____ (arriver) chez sa grand-mère, elle _____ (ne... pas / savoir) que le loup _____ (déjà / manger) sa grand-mère, et qu'il _____ (se cacher) dans son lit.

8. Tu sais le reste ! Le petit chaperon rouge _____ (devoir) suivre les conseils de sa mère, n'est-ce pas ?

Chapitre 10

Nom _____ Classe _____ Date _____

9. Est-ce une bonne histoire pour les enfants ? Si j(e) _____ (être) petite, j(e) _____ (avoir) très peur des loups qui parlent et je _____ (hésiter) à traverser les forêts toute seule !

10. Quand même, je _____ (comprendre) depuis longtemps qu'il y a toutes sortes de « loups » auxquels il faut faire attention—et non seulement dans la forêt !

C. L'histoire d'une vie. Halimah Nfoussi, une Marocaine d'un certain âge, raconte sa vie à ses petits-enfants. Complétez ses phrases avec la forme et le temps corrects des verbes entre parenthèses.

1. J(e) _____ (naître) dans un harem.

2. Ma mère _____ (être) la troisième femme d'un riche commerçant qui l(e) _____ (épouser) quand il était déjà assez âgé.

3. C'est pourquoi mon père _____ (ne pas avoir) beaucoup de patience avec moi.

4. J(e) _____ (passer) mes journées à jouer avec mes frères et sœurs mais j(e) _____ (rêver) toujours au jour où j(e) _____ (pouvoir) sortir du harem.

5. Un jour, mon père _____ (mourir) et, petit à petit, les portes _____ (s'ouvrir).

6. Mon frère aîné qui _____ (devenir) chef de famille après le décès de mon père, m(e) _____ (donner) la permission d'aller à l'école et puis au lycée.

7. C'est sur le chemin du lycée que j(e) _____ (rencontrer) un très beau jeune homme.

8. J(e) _____ (savoir) tout de suite que cet homme _____ (être) un jour mon mari.

9. Quand j(e) _____ (parler) à mon frère de ce jeune homme, il m(e) _____ (demander) si j(e) _____ (connaître) sa famille.

Nom _____ Classe _____ Date _____

10. Finalement, ma famille _____ (pouvoir) arranger mon mariage avec l'homme de mes rêves.

11. C'est lui, votre grand-père, qui m(e) _____ (amener) en France.

12. La vie en France _____ (ne pas toujours être) facile et nous _____ (avoir) des problèmes à nous intégrer dans cette société qui _____ (ne pas accepter) aisément les étrangers, surtout les Musulmans !

13. Les Français _____ (ne pas comprendre) notre culture et notre religion.

14. Quelquefois je _____ (se faire) du souci.

15. Je _____ (se demander) ce que vous, les enfants de la deuxième génération, _____ (savoir) sur votre culture.

16. Quel _____ (être) votre avenir dans cette terre qui est maintenant votre patrie ?

17. Et quand je _____ (mourir), qu'est-ce que vous _____ (dire) de moi à vos enfants ?

Journal

À votre avis, est-ce qu'une organisation telle que l'Union Européenne pourrait exister en Amérique du Nord ? Quelles sortes d'accords existent aujourd'hui entre les États-Unis, le Canada et le Mexique ? Est-ce que la plupart des Américains acceptent ces accords ? Quelle serait l'attitude des Américains en général envers un mouvement vers l'unification de l'Amérique du Nord ? Dans ces réactions, quel rôle jouerait la peur de perdre son identite ?

À votre tour

Vous avez beaucoup appris sur le monde francophone : les régions où le français se parle, les institutions culturelles, les soucis et les espoirs des habitants des diverses régions. C'est le moment d'approfondir vos connaissances en faisant des recherches, qui aboutiront à un mémoire ou à une présentation orale.

Enrichissez votre expression

A. Choisissez un sujet. Quelle(s) région(s) du monde francophone voulez-vous explorer ? Est-ce que votre étude portera sur une région ? Ou est-ce que ce sera une étude comparative ? À quels thèmes vous intéressez-vous ? Voici quelques possibilités : le système de la sécurité sociale; l'identité nationale; l'immigration; les médias; l'environnement; la religion; ? ? ?

B. Précisez. Maintenant, essayez de formuler votre thème d'une façon plus précise. Mettez l'accent sur la problématique posée par des cultures en contact, ou des valeurs concurrentes : le souci de l'environnement dans les pays en voie de développement, tels que Haïti; les immigrants musulmans dans un pays catholique; l'influence de la culture américaine en France, etc. Précisez aussi la forme de votre présenta-

Nom _____ Classe _____ Date _____

tion : est-ce qu'elle sera orale ? écrite ? multimédia ? Y aura-t-il un élément créateur ou artistique (danse, poésie, art) ?

C. **Identifiez des ressources.** Outre l'Internet et les sites Web pensez à
- consulter les livres, les magazines et les journaux trouvés dans votre bibliothèque.
- contacter l'Ambassade de France, ou des autres pays francophones
- visiter un centre communautaire qui accueille les immigrants
- faire des recherches dans un musée
- faire des sondages

Les films et les documentaires peuvent aussi vous être utiles.

Ébauchez votre plan

En préparant votre plan, traitez des points suivants :
- identification du problème
- origine / étendue / durée de la situation
- remèdes proposés
- avantages / désavantages de chaque solution
- vos conclusions

Utilisez des exemples concrets, appuyés de citations, de statistiques ou de références, pour convaincre votre lecteur/auditeur. Évitez le vague, l'émotion, les clichés ou les parti-pris. Soyez objectif/ive, analytique et nuancé(e) dans vos jugements.

Écrivez

Écrivez la première version de votre mémoire / présentation, en suivant le format (longueur, documentation, mise en page) précisé par votre professeur.

Révisez

Révisez votre première version en tenant compte des commentaires / corrections de votre lecteur. S'il s'agit d'une présentation, mettez votre plan et mots de vocabulaire utiles au tableau, pour aider les autres à suivre la discussion. Parlez lentement et clairement. Surtout, ne lisez pas; servez-vous des notes écrites sur des fiches.

Cahier de laboratoire

Nom _____ Classe _____ Date _____

CHAPITRE 1

Au seuil de la culture
L'enfant et la famille

PRONONCIATION

L'égalité rythmique

La syllabation ouverte

In English, every word has one syllable that is pronounced louder than the others. This syllable, which is said to receive *primary* stress, may occur anywhere in a word. In addition to primary stress, words of more than one syllable usually contain a *secondary*, less prominent stress. The remaining syllables are unstressed, with no prominence of any kind.

In French, all syllables in a word receive approximately the same amount of intensity. The last syllable of a word or phrase may be lengthened, or you may notice a change in pitch. Listen to exercise A and compare the rhythm of English and French words.

In French, more syllables end in a vowel sound than in English. Syllables that end in a vowel sound are called *open syllables*. Compare English to French:

English	**French**
an-i-mal	a-ni-mal
civ-i-li-za-tion	ci-vi-li-sa-tion
dis-as-ter	dé-sa-stre

You may wish to familiarize yourself with the rules for syllable division in French[1], although you will not need them to perform the exercises in the following section. Following your teacher's model is the best strategy at this point.

---

[1] To divide words into syllables in French, follow these rules:

1. A syllable division falls between a vowel and a single following pronounced consonant: fi-nir; ai-mer; hô-tel.
2. A syllable division falls between two consonants, except in the case noted in (3): par-tir; sor-tir; Bel-gique.
3. The group *consonant + r / l / semi-consonant* is never divided. The syllable division falls between the preceding vowel and this cluster: pa-trie, a-ffreux, mon-trer.
4. In French, more syllables end in a vowel sound than in English.

Chapitre 1

Nom _____ Classe _____ Date _____

> **Conseils Pratiques**
> - Pronounce all syllables in a French word with equal length: do not make one louder than the others and do not "swallow" any.
> - Follow the French tendency to end syllables in vowel sounds.

Pratique

A. **Le rythme.** Listen and compare the rhythm of English and French words.

English	*French*
international	international
natural	naturel
journalist	journaliste
education	éducation
responsibility	responsabilité

B. **L'égalité rythmique.** Pronounce the following French words, paying careful attention to maintaining an equal rhythm and intensity in the articulation of each syllable.

Ouvertures   attitude   américain   international   civilisation   automobile   philosophique

Je vous sers encore un peu de rôti? Quand on mange, on ne cache pas les mains sous la table. On ne veut pas que les enfants fassent honte aux parents.

C. **La syllabation ouverte.** Pronounce the following words. Listen for the open syllabification.

po-ssi-bi-li-té   pho-to-gra-phie   cha-ri-té   a-gi-ta-tion   u-ni-ver-si-té   é-ga-li-té   in-té-re-ssant

INTERACTION

AUTREMENT DIT

A. **Formel ou familier ?** Indiquez si on parle à un(e) ami(e) ou à la mère d'un(e) ami(e).

1. **a.** à un ami   **b.** à la mère d'un ami
2. **b.** à un ami   **b.** à la mère d'un ami
3. **b.** à un ami   **b.** à la mère d'un ami
4. **b.** à un ami   **b.** à la mère d'un ami

Nom _____ Classe _____ Date _____

5. **b.** à un ami **b.** à la mère d'un ami

6. **b.** à un ami **b.** à la mère d'un ami

B. **Qu'est-ce qu'on fait ?** Indiquez si les personnes qui parlent arrivent ou partent.

1. **a.** on arrive **b.** on part
2. **a.** on arrive **b.** on part
3. **a.** on arrive **b.** on part
4. **a.** on arrive **b.** on part
5. **a.** on arrive **b.** on part
6. **a.** on arrive **b.** on part

C. **Qui est-ce ?** Identifiez les personnes suivantes en utilisant le vocabulaire de **l'Autrement dit**.

> **Modèle :** Vous entendez : C'est un petit garçon qui a perdu ses parents.
> Vous dites : **C'est un orphelin.**
> Vous vérifiez : **C'est un orphelin.**

STRUCTURE I

Pour poser une question : les pronoms interrogatifs

A. **Jeopardy.** Écoutez les réponses et choisissez la question appropriée.

> **Modèle :** Vous entendez : Nous mangeons des frites.
> Vous dites : **Qu'est-ce que vous mangez ?**
> Vous vérifiez : **Qu'est-ce que vous mangez ?**

STRUCTURE II

Pour conseiller : l'impératif

A. **Singulier ou pluriel ?** Indiquez si on parle à un individu ou à un groupe.

1. **a.** à un groupe **b.** à un individu
2. **a.** à un groupe **b.** à un individu
3. **a.** à un groupe **b.** à un individu

Chapitre 1

Nom _____ Classe _____ Date _____

4. **a.** à un groupe   **b.** à un individu

5. **a.** à un groupe   **b.** à un individu

6. **a.** à un groupe   **b.** à un individu

B. Formel ou familier ? Indiquez si on parle à un(e) ami(e) ou un individu avec qui on est moins intime.

1. **a.** à un ami   **b.** à quelqu'un avec qui on est moins intime

2. **a.** à un ami   **b.** à quelqu'un avec qui on est moins intime

3. **a.** à un ami   **b.** à quelqu'un avec qui on est moins intime

4. **a.** à un ami   **b.** à quelqu'un avec qui on est moins intime

5. **a.** à un ami   **b.** à quelqu'un avec qui on est moins intime

6. **a.** à un ami   **b.** à quelqu'un avec qui on est moins intime

STRUCTURE III

Pour exprimer le rapport entre deux actions : le participe présent

A. Pauvre Philippe ! Philippe fait toujours deux choses en même temps. Répondez aux questions sur Philippe en employant le participe présent du verbe indiqué.

    Modèle :   Vous lisez :   (regarder la télévision)
                       Vous entendez :   Comment fait-il ses devoirs ?
                       Vous dites :   **Il fait ses devoirs en regardant la télévision.**
                       Vous vérifiez :   **Il fait ses devoirs en regardant la télévision.**

    1. (manger)

    2. (travailler)

    3. (écouter la radio)

    4. (parler au téléphone)

    5. (faire la cuisine)

    6. (chanter)

Nom _____ Classe _____ Date _____

STRUCTURE IV

Pour exprimer la continuation d'une action: le temps présent + depuis

A. Que le temps passe vite ! On vous pose des questions sur vos voisins. Écoutez la question et répondez en employant *depuis* et l'expression de temps entre parenthèses.

    Modèle :   Vous lisez :   (cinq ans)
                    Vous entendez :   Depuis combien de temps est-ce que Mme Chevalley est veuve ?
                    Vous dites :   **Elle est veuve depuis cinq ans.**
                    Vous vérifiez : **Elle est veuve depuis cinq ans.**

1. (deux mois)

2. (le mois de juin)

3. (longtemps)

4. (son enfance)

5. (trois ans)

6. (une semaine)

Compréhension auditive

Extraits de l'émission La Nouvelle France[1] (segment "La Nouvelle Famille"). Le divorce devient de plus en plus fréquent en France. Dans cette interview, la fille d'un couple divorcé va nous raconter un peu son histoire.

Avant d'écouter

A. Désavantages... et avantages. Bien qu'on pense immédiatement aux difficultés dans la vie d'un enfant dont les parents ont divorcé, il pourrait y avoir des avantages inattendus aussi. Énumérez quelques désavantages et avantages éventuels de cette situation pour l'enfant.

B. Questions. Si vous étiez l'intervieweur, quelles questions est-ce que vous aimeriez poser à cette jeune fille?

C. Devinez. Devinez la signification des mots en italiques en vous basant sur le contexte donné.

1. "Je passe mon mois de juillet avec ma mère, puis mon mois d'août avec mon père. Ce qui fait que je fais *plein* de voyages."

2. "Mais parfois c'est un peu embêtant, parce qu'on peut pas faire plaisir aux deux en même temps. Quand on fait plaisir à l'un, il y a l'autre qui *ronchonne* un peu."

3. "Mais si j'en gâte un plus que l'autre, ça ne va pas du tout. J'ai de véritables *scènes de ménage*."

Chapitre 1

Nom _____ Classe _____ Date _____

D. Transitions. Quand on passe d'une pensée à une autre, on utilise des mots de transitions. Ces mots pourraient avancer, raffiner, résumer ou même contredire ce que le locuteur vient d'énoncer. Lisez les phrases et indiquez le rôle des mots en italique.

1. "Ils sont contents tous les deux comme ça. *Mais* si j'en gâte un plus que l'autre, ça ne va pas du tout. *Et puis*, moi, je dois dire que n'ai pas souffert du tout du divorce. *C'est-à-dire*, je trouve que c'est bien."

2. "*Alors* là, c'est ma vraie chambre. *Bref*, là, c'est vraiment là où j'habite le plus souvent."

3. "Je trouve pas que ce soit une situation horrible. *Au contraire*, je trouve que c'est bien."

Écoutons

Avant d'écouter, lisez les questions qui suivent. Ensuite, écoutez l'interview une fois pour comprendre son sens global. Écoutez encore une fois et répondez aux questions.

A. Détails. Répondez aux questions suivantes.

1. Comment s'appelle la jeune fille ? Quel âge a-t-elle ?

2. Comment s'appellent ses parents ? Où habitent-ils en ce moment ?

3. Nommez deux choses qu'elle a dans sa chambre.

4. Pourquoi est-ce qu'elle aime sa situation ?

5. Pourquoi est-ce qu'elle ne souffre pas du divorce ?

B. Opinions. Répondez aux questions suivantes. Justifiez votre réponse en citant l'interview.

1. Décrivez le rapport entre Claire et ses parents. Selon vous, qui est plus mûr, Claire ou ses parents ?

2. Décrivez le caractère de Claire.

3. Est-ce que vous pensez que Claire va rester contente de sa situation en grandissant ?

C. Suite de l'interview. Dans la partie B, avez-vous bien anticipé les questions posées par l'intervieweur ? Si non, imaginez-les, en respectant le caractère et les attitudes de Claire dans vos réponses. Quelles autres questions aimeriez-vous lui poser ?

Nom _____ Classe _____ Date _____

CHAPITRE 2

Passage vers la communication
Perspectives interculturelles

PRONONCIATION

L'enchaînement consonantique

Les liaisons obligatoires

In French, word-final consonants are usually silent, except for short words ending in *c, r, f,* and *l,* where the final consonant is usually pronounced: *lac, bar, œuf, il.* Within a phrase group, these final pronounced consonants are linked to a following vowel sound: *Il adore Anick* [i.la.dɔ.Ra.nik]. This phenomenon is called *enchaînement*. As a result of *enchaînement*, word boundaries are lost, making the phrase the basic unit of articulation. In the preceding phrase, how many words are written? How many "words" would you hear?

Within a phrase, final consonants that are normally silent may be pronounced when followed by a word beginning with a vowel sound. This is known as *liaison*. The most common cases of *liaison* are presented below:

Spelling	*Pronunciation*	*Examples*
s, x	/z/	les enfants /lezãfã/
		deux enfants /døzãfã/
d	/t/	grand enfant /grãtãfã/
n	/n/[1]	bon enfant /bõnãfã/
		mon enfant /mõnãfã/

When or when not to make liaison is a very complex issue. In general, *liaison* is always made in the following cases:

(1) After a determiner.[2] *un ami, ces amis*

(2) Before or after a pronoun: *vous aimez, jes les aime*

(3) After an adjective that precedes the noun: *ces bons amis*

---

[1] In most cases, the nasal vowel denasalizes in *liaison*. Exceptions include the possessive adjectives (*mon, ton,* etc.), adverbs (e.g., *bien*) and prepositions (*en,* for example).
[2] Determiners are the definite and indefinite articles, possessive adjectives (see above), interrogative and demonstrative adjectives (*quel* and its forms; *ce* and its forms).

Nom _____ Classe _____ Date _____

(4) After a one-syllable preposition: *en avion*

(5) After some one-syllable adverbs: *très intéressant, plus important*

(6) After the verb form *est*: *Il est ici.*

While these cases represent obligatory liaisons (*les liaisons obligatoires*), there are other cases where liaison is optional (*les liaisons facultatives*) or "forbidden" (*les liaisons interdites*). Since *liaison* is such a comlicated matter, you would do best to follow your teacher's model.

> **Conseils Pratiques**
> - Since *enchainement* and *liaison* "break down" word boundaries, the phrase becomes the basic unit of articulation. You will be able to listen more effectively in French if you listen for phrases rather than words.
>
> - Be sure to make all the *enchaînements* and *liaisons* in a phrase group; avoid a choppy, word-by-word articulation.
>
> - Try to create as many open syllables as possible by "pushing forward" the final consonant sound of a word to the following vowel sound: *Vos amis adorent écouter les oiseaux* [vo-za-mi. a-dɔ -Re-ku-te. le-zwa-zo].

Pratique

A. L'enchaînement. Pronounce the following sentences, paying particular attention to the linking of final pronounced consonants to the following vowel sound.

Il a une petite amie; il sort toujours avec elle.

À quelle heure est-ce que vous allez à l'exposition de cet artiste ?

Mon cher ami arrive en avion à quatre heures.

B. La liaison. Pronounce the following sentences, listening carefully to the linking of normally silent final consonants to the following vowel sound.

D'une part, vous avez la réputation d'être de grands enfants . . . et d'autre part, on vous accuse d'être matérialistes.

Nous avons moins de congés payés.

Nous n'abandonnons pas nos emplois.

Ils envient ces deux amoureux.

Est-ce que les Américains ramènent tout à l'amour ?

Nom _____ Classe _____ Date _____

INTERACTION I : Vive la différence !

AUTREMENT DIT

A. Spécialités régionales. Écoutez et indiquez quel plat les personnes qui parlent vont préparer.

    a. le couscous   **c.** la carbonade flamande

    b. la côte de veau à la crème   **d.** la choucroute garnie

1. _____   4. _____

2. _____   5. _____

3. _____

B. Content ou mécontent ? Indiquez si les personnes qui parlent sont contentes ou mécontentes de leur repas.

1. **a.** content(e)   **b.** mécontent(e)

2. **a.** content(e)   **b.** mécontent(e)

3. **a.** content(e)   **b.** mécontent(e)

4. **a.** content(e)   **b.** mécontent(e)

5. **a.** content(e)   **b.** mécontent(e)

6. **a.** content(e)   **b.** mécontent(e)

7. **a.** content(e)   **b.** mécontent(e)

C. Comme deux gouttes d'eau. Robert et sa sœur se ressemblent beaucoup. Écoutez les descriptions de Robert, et décrivez sa sœur.

         Modèle :   Vous entendez :   Robert a les cheveux blonds.

                         Vous dites :   **Sa sœur a les cheveux blonds.**

                         Vous vérifiez :   **Sa sœur a les cheveux blonds.**

Nom _____ Classe _____ Date _____

D. Comme l'eau et le feu. Éric ne ressemble pas du tout à sa sœur. Écoutez les descriptions d'Éric, et décrivez sa sœur.

    Modèle :   Vous entendez :   Éric a les cheveux noirs.
                      Vous dites :   **Sa sœur a les cheveux blonds.**
                      Vous vérifiez :   **Sa sœur a les cheveux blonds.**

STRUCTURES I et II

Pour parler des quantités indéfinies : l'emploi de l'article et du partitif
Désigner et généraliser : l'emploi de l'article défini

A. Les stéréotypes. Mettez les phrases suivantes à l'affirmatif ou au négatif en remplaçant le complément de l'expression de quantité par *en*. Suivez le modèle.

    Modèle :   Vous entendez :   Les Américains regardent beaucoup de feuilletons.
                      Vous dites :   **Ils en regardent beaucoup.**
                      Vous vérifiez :   **Ils en regardent beaucoup.**

B. Des généralisations. Formulez des généralisations à l'affirmatif ou au négatif sur les groupes suivants en employant l'article défini. Suivez le modèle.

    Modèle :   Vous lisez :   (professeurs / exigeants)
                      Vous dites :   **Les professeurs sont exigeants.** *or*
                                          Les professeurs ne sont pas exigeants.
                      Vous vérifiez :   **Les professeurs sont exigeants.** *or*
                                          Les professeurs ne sont pas exigeants.

1. (étudiants / travailleurs)
2. (jeunes gens / sérieux)
3. (Parisiens / accueillants)
4. (New Yorkais / polis)

C. Vous avez faim. Vous regardez la carte avec un ami qui vous demande ce que vous aimez. En fait, vous aimez tout, et vous allez prendre de tout. Suivez le modèle.

    Modèle :   Vous entendez :   Tu aimes le vin blanc ?
                      Vous dites :   **Oui, j'aime le vin blanc. Je vais prendre du vin blanc.**
                      Vous vérifiez :   **Oui, j'aime le vin blanc. Je vais prendre du vin blanc.**

Nom _____ Classe _____ Date _____

D. Vous n'avez plus faim. Maintenant répondez au négatif. Suivez le modèle.

> **Modèle :** Vous entendez : Tu aimes le vin blanc ?
> Vous dites : **Non, je n'aime pas le vin blanc. Je ne vais pas prendre de vin blanc.**
> Vous véritfiez : **Non, je n'aime pas le vin blanc. Je ne vais pas prendre de vin blanc.**

STRUCTURE III

Pour décrire : la forme des adjectifs

A. Claude ou Claude ? Est-ce qu'on parle de Claude, la fille des Grimaud, ou de Claude, leur neveu ?

1. **a.** On parle de la fille des Grimaud. **b.** On parle de leur neveu.
2. **a.** On parle de la fille des Grimaud. **b.** On parle de leur neveu.
3. **a.** On parle de la fille des Grimaud. **b.** On parle de leur neveu.
4. **a.** On parle de la fille des Grimaud. **b.** On parle de leur neveu.
5. **a.** On parle de la fille des Grimaud. **b.** On parle de leur neveu.

STRUCTURE IV

Pour décrire : la forme et la position des adjectifs (suite)

A. Avez vous compris ? Écoutez les phrases et choisissez l'explication logique.

1. **a.** C'est un quartier dangereux. **b.** L'adresse n'est pas correcte.
2. **a.** Ce camarade de chambre est vieux. **b.** Ce n'est plus mon camarade de chambre.
3. **a.** Marie sort exclusivement avec Marc. **b.** Marc n'a pas beaucoup d'amis.
4. **a.** C'est mon meilleur ami. **b.** Cet ami est riche.
5. **a.** Elle n'a pas d'argent. **b.** Elle n'a pas de chance.
6. **a.** Cette voiture n'est pas sale. **b.** Cette voiture est à moi.

Compréhension auditive

L'Amérique, qu'est-ce que c'est ?

Qu'est-ce que l'Amérique représente pour les Français ? Dans les interviews suivantes, on a demandé à deux Français d'exprimer leurs opinions sur les États-Unis.

Chapitre 2

Nom _____ Classe _____ Date _____

Texte I : Extrait d'une interview : Une femme, 50 ans, habitant Paris, de famille bourgeoise provinciale, sans profession

Avant d'écouter

A. Impressions. Même les Français qui n'ont jamais visité les États-Unis ont une image particulière de notre pays. Selon vous, d'où viennent ces impressions ? D'après les dessins et les lectures de ce chapitre, quelles sont les impressions les plus courantes ? Sont-elles plutôt justes ou fausses ?

B. Pour ou contre ? Classez les expressions suivantes selon qu'elles indiquent une opinion positive ou une opinion négative.

je suis révolté(e) / ce qui m'agace / j'adore ça / je suis contre / ça ne me plaît pas du tout / je suis pour / ça m'horripile / ça me plaît énormément

opinion positive	opinion négative
_____	_____
_____	_____
_____	_____
_____	_____

C. Vocabulaire. Que veulent dire les mots suivants ? À l'aide d'un dictionnaire, donnez une définition ou un synonyme en français.

1. méli-mélo
2. bouffer
3. abruti
4. mitron
5. usine

D. Conseils pratiques. Le français familier supprime très souvent le **ne** de la négation. Par conséquent, l'expression **(ne) ... plus** pourrait être ambiguë. Le contexte vous aidera à déterminer s'il s'agit d'une expression négative ou positive.

Écoutons

A. En général. Écoutez la première interview une fois. En écoutant, essayez de dégager le sens global de l'interview : est-ce que la locutrice a une opinion positive ou négative ? Quelle est cette opinion ? Quels exemples est-ce qu'elle donne ?

B. Le contexte. En écoutant une conversation en français, vous allez sans doute entendre des mots que vous ne comprendrez pas. Parfois, la signification précise du mot n'est pas importante; ce qui compte, c'est le sens général, qui sera déterminé par le contexte. Voici une petite liste de mots que vous ne connaissez peut-être pas. Après avoir écouté l'interview une deuxième fois, dites si ce sont des termes positifs ou négatifs, en vous basant sur le contexte.

Nom _____ Classe _____ Date _____

	positif	négatif
1. ogre	_____	_____
2. crapaud	_____	_____
3. infâme	_____	_____

C. Contente ou mécontente ? En vous basant sur le contexte, dites si la locutrice est contente ou en colère quand elle dit :

	contente	mécontente
1. ça me met hors de moi	_____	_____
2. j'ai cette hargne contre l'Amérique	_____	_____

Approfondissement

A. Questions. Écoutez l'interview une autre fois, si nécessaire, pour trouver la réponse aux questions suivantes.

1. Est-ce que la femme a déjà visité les États-Unis ? Si oui, quand ?
2. Quels sentiments est-ce qu'elle exprime d'abord sur les États-Unis ? Est-ce que ces sentiments sont positifs ou négatifs ?
3. Qu'est-ce qu'elle reproche aux États-Unis ?
4. Comment est-ce qu'elle s'est informée sur l'éducation des enfants américains ?
5. Selon elle, pourquoi est-ce que les enfants américains sont mal élevés ?
6. Expliquez pourquoi elle est contre les usines à pain.

B. Réfléchissons. Réfléchissez aux questions suivantes.

1. Cette critique des États-Unis est aussi une critique des Français. Comment ?
2. Qu'est-ce que vous pourriez dire sur l'éducation des enfants français, en vous basant sur cette critique des enfants américains ?
3. Pourquoi est-ce que cette femme a choisi les usines à pain comme exemple de l'influence américaine sur la culture française ? Quelle est l'importance du pain pour les Français ?
4. Quelles valeurs culturelles américaines est-ce que McDonald's pourrait représenter pour un Français ? En quoi est-ce que ces valeurs pourraient aller à l'encontre des valeurs françaises ?
5. Selon vous, est-ce que l'âge de cette femme influence ses jugements ?

Nom _____ Classe _____ Date _____

Texte II : Extrait d'une interview : Un homme, 23 ans, habitant la province, de famille modeste. Profession : serveur de restaurant

Avant d'écouter

A. Vocabulaire. Que veulent dire les mots suivants ? Dites quel mot dans la colonne I est l'équivalent approximatif de quel mot dans la colonne II.

I	II
1. un bouquin	a. les environs
2. économiser	b. un grand bâtiment
3. le paysage	c. un livre
4. une tour	d. mettre de l'argent de côté
5. les alentours	e. la campagne

B. Conseils pratiques. Dans la conversation naturelle, on répète très souvent la même idée en utilisant des expressions synonymes, des explications, des descriptions, etc. Même si vous ne comprenez pas la signification d'une expression, continuez à écouter. Le texte qui suit peut rendre le sens plus clair.

Écoutons

A. En général. Écoutez la seconde interview une fois. En écoutant, essayez de dégager le sens global de l'interview : est-ce que le locuteur a une opinion positive ou négative ? Quelle est cette opinion ? Quels exemples est-ce qu'il donne ?

B. Répétition. En écoutant une autre fois, trouvez les expressions qui répètent ou expliquent les idées suivantes.

1. c'est une vie qui me plaît
2. ça revient cher
3. le paysage est beau
4. c'est des tours

Approfondissement

A. Questions. Répondez aux questions suivantes.

1. Comment est-ce que le locuteur s'est informé sur les États-Unis ?
2. Est-ce qu'il a déjà visité les États-Unis ? Si oui, quand ? Si non, pourquoi pas ?
3. Qu'est-ce qui l'a impressionné le plus dans les livres qu'il a lus sur les États-Unis ?

Nom _____ Classe _____ Date _____

B. Réfléchissons. Quelle est votre opinion ?

1. Est-ce que vous pensez que ce jeune homme réagirait de la même façon que la femme de la première interview en parlant des usines à pain et de McDonald's ? Pourquoi ou pourquoi pas ?

2. Que pensez-vous des impressions du locuteur sur les États-Unis ? Sont-elles réalistes ? superficielles ? bien réfléchies ?

C. À vous la parole. On vous demande de faire partie d'une discussion sur les différences culturelles entre les Américains et les Français, qui sera diffusée par France 2 ! Parmi les participants, il y a un(e) Française(e) qui critique les Américains. Préparez vos réponses à ses critiques en soulignant les différences culturelles.

Chapitre 2

Nom _____ Classe _____ Date _____

CHAPITRE 3

Accès à la formation de l'esprit
L'enseignement

PRONONCIATION

Les groupes rythmiques

L'intonation

You have seen how word boundaries are "broken down" into larger units due to *liaison* and *enchaînement*. These larger units are called **stress** or **rhythmic** groups (*les groupes rythmiques*). Rhythmic groups are normally composed of 2–7 syllables and correspond to a grammatical unit, such as a noun phrase, a prepositional phrase, and so on. In the following examples, rhythmic groups are separated by double slashes:

Regarde ce qui est arrivé // à mon cousin Robert // l'année dernière.

Il n'a rien fait // pendant l'année.

The last syllable of a rhythmic group is subject to lengthening and a change of pitch. All pre-final phrase groups have *rising* intonation. Final phrase groups in declarative sentences have *falling* intonation:

Si j'échoue // ma vie est ratée.

Tu as très bien travaillé // pendant toute l'année.

Information questions, exclamations as well as imperatives, have *falling* intonation on the final rhythmic group:

Où en étions-nous ?

Passe-moi le café.

Pose-nous une autre question.

Ah, les beaux jours du lycée !

Yes/no questions have *rising* intonation on the final rhythmic group:

Tu passes le bac cette année ?

Il n'a même pas été représentable ?

Nom _____ Classe _____ Date _____

Conseils Pratiques
- Give each syllable in a rhythmic group equal length; do not make one more prominent, or pronounce any indistinctly.

- Be sure to give each pre-final rhythmic group *rising* intonation; learn the patterns given above for final rhythmic groups.

- Do not break up the sentence into too many rhythmic groups, giving it a choppy delivery. Listen closely to a good model for guidance.

Pratique

Les groupes rythmiques. Listen to and pronounce the following passage, paying close attention to rhythmic groups and the associated intonation patterns.

— Pour moi, rien n'a été plus horrible que la préparation pour l'examen du bac, en juin dernier.

— Georges ne serait pas d'accord. Savez-vous ce qui lui est arrivé ? Il voulait s'inscrire à la Sorbonne. Il m'a dit qu'il avait fait le nécessaire. Il croyait donc être inscrit. Eh bien, pas du tout! Il ne figurait sur aucune liste de la Sorbonne. Il avait pourtant fait toutes les démarches.

— Alors, qu'est-ce qu'il a fait ?

INTERACTION

AUTREMENT DIT

A. **Les études.** Écoutez la question et indiquez la réponse logique.

1. **a.** Je me spécialise en sciences politiques.   **b.** Je suis un cours d'histoire.

2. **a.** J'ai écrit deux mémoires l'année dernière.   **b.** Je suis en deuxième année.

3. **a.** Je suis trois cours de langues et un cours de littérature.   **b.** Je suis content.

4. **a.** Non, il est obligatoire.   **b.** La fac est près du centre ville.

5. **a.** C'est ça. Je me suis fait coller.   **b.** J'ai reçu une douzaine de roses.

6. **a.** Je me spécialise en chimie.   **b.** J'ai séché le cours.

STRUCTURE I

Pour narrer au passé : l'emploi du passé composé

A. **Le temps passe vite.** Répondez aux questions en employant le passé composé + il y a + l'expression de temps donnée.

Nom _____ Classe _____ Date _____

    Modèle :   Vous lisez :   (deux heures)
                     Vous entendez :   Quand est-ce que Didier est parti ?
                     Vous dites :   **Il est parti il y a deux heures.**
                     Vous vérifiez :   **Il est parti il y a deux heures.**

1. (six mois)
2. (quinze jours)
3. (dix jours)
4. (trois jours)
5. (deux jours)
6. (quelques minutes)

STRUCTURE II

Pour narrer au passé : le plus-que-parfait

A. Un échec. On vous pose des questions pour savoir pourquoi vous avez reçu une mauvaise note. Répondez en employant le plus-que-parfait et les éléments donnés.

    Modèle :   Vous entendez :   Vous aviez bien étudié avant l'examen final ?
                     Vous dites :   **Oui, j'avais bien étudié avant l'examen final.**
                     Vous vérifiez :   **Oui, j'avais bien étudié avant l'examen final.**

STRUCTURE III

Pour lier les éléments de la phrase : verbe + infinitif

A. Encore un échec. On veut savoir pourquoi Didier a de mauvaises notes. Suivez le modèle et n'oubliez pas d'ajouter la préposition *à* ou *de* si nécessaire.

    Modèle :   Vous lisez :   (détester)
                     Vous entendez :   Il fait ses devoirs ?
                     Vous dites :   **Il déteste faire ses devoirs.**
                     Vous vérifiez :   **Il déteste faire ses devoirs.**

1. (refuser)
2. (essayer)
3. (avoir l'intention)
4. (commencer)
5. (continuer)
6. (oublier)

Chapitre 3

Nom _____ Classe _____ Date _____

STRUCTURE IV

Pour poser une question : l'adjectif interrogatif quel *et le pronom interrogatif* lequel

A. Recommandations personnelles. Vous venez d'arriver à la fac et on vous donne des conseils. Demandez des précisions en employant une forme de *lequel*.

> **Modèle :** Vous entendez : Il faut choisir un bon professeur de maths.
> Vous dites : **Lequel ?**
> Vous vérifiez : **Lequel ?**

Compréhension auditive

Texte I : Interview avec Mlle Fourtier, âgée de cinq ans

Avant l'âge de la scolarité obligatoire (six ans en France), l'enfant peut aller dans une école maternelle. Dans cette école facultative, les enfants de deux à six ans font des activités « d'éveil » qui les préparent à l'école primaire. Dans cette interview, Mlle Fourtier va parler de son école.

Avant d'écouter

A. La vie d'enfant. Décrivez les dessins suivants. Qui est sur le dessin ? Où est-on ? Qu'est-ce qu'on fait ?

Vocabulaire utile

l'orthographe *(f.)*   *spelling*

l'écriture *(f.)*   *writing*

découper   *to cut out*

le chant   *singing*

Écoutons

Écoutez l'interview une fois. Ensuite, regardez les questions dans la partie A (*Précisions*) suivante. Maintenant, écoutez l'interview encore une fois pour trouver les réponses.

Approfondissement

A. Précisions. Répondez aux questions suivantes.

1. Quel est le nom de l'école de Mlle Fourtier ?

2. Dans quelle classe est-elle ?

3. Qui est Benjamin ?

4. Comment est-ce qu'on l'appelle ? Pourquoi ?

5. Qu'est-ce qu'il fait bien ?

6. Qui est Renan ?

B. Dessins. Regardez de nouveau les dessins. Utilisez-les pour raconter ce que Mlle Fourtier fait à l'école.

C. Le poème. Qu'est-ce que vous avez compris du poème ? En voici le texte :

Je sais enfin pouquoi ma poupée est malade.

Chaque nuit en cachette

Elle fait sa toilette

Et court au bal masqué

Où les Pierrots et les Polichinelles

Ne dansent qu'avec elle.

C'est un chat du quartier

Qui me l'a raconté.

C'est bien, mademoiselle,

Avec une ficelle

Je vous lierai la nuit

Au pied de votre lit.

Après avoir lu le texte, expliquez pourquoi la poupée est malade et la solution proposée pou la « guérir ». Est-ce qu'une telle solution serait acceptable dans un poème pour enfants aux États-Unis ?

Texte II : Interview avec Mlle Chambon (seize ans)

Dans cette interview, une lycéenne va parler du système universitaire français.

Avant d'écouter

Que savez-vous ? Que savez-vous déjà du système universitaire en France ? Répondez aux questions suivantes.

1. Qu'est-ce qu'il faut faire pour aller à l'université en France ? Faut-il passer un examen ? envoyer des lettres ? être interviewé ?
2. Quelles sortes de cours existe-t-il ?
3. Est-ce qu'on est obligé d'aller en cours ?
4. Comment sont les rapports entre professeur et étudiant ? Chaleureux ? Distants ?
5. Quelles sortes de contrôles existe-t-il ?

Nom _____ Classe _____ Date _____

Regardez les questions dans la partie A ci-dessous pour vous donner une idée générale du contenu du texte. Ensuite, écoutez l'interview.

Précisions. Répondez aux questions suivantes.

1. Quels jugements est-ce que Mlle Chambon émet sur les universités françaises ?
2. Comparez les Grandes Écoles aux universités.
3. Comment est-ce qu'on choisit une Grande École ?
4. Avant d'aller aux Grande Écoles, quel cours est-ce qu'on suit ?

Comparaisons. En réfléchissant à l'interview, répondez aux questions suivantes.

1. Mlle Chambon fait la distinction entre les universités, qui à son avis « ne sont pas bien » et les Grandes Écoles, qui sont plus « intéressantes ». Est-ce qu'on a un système hiérarchique similaire aux États-Unis ?
2. Est-ce que l'université américaine prépare bien l'étudiant à un métier ?
3. Dans une université américaine, il y a souvent des cours dits « cours de rattrapage ». Est-ce qu'on devrait avoir des cours préparatoires obligatoires avant d'aller à l'université pour assurer un bon niveau parmi tous les étudiants ?

Interview. Interviewez un(e) étudiant(e) qui a étudié à l'étranger. Quelles différences est-ce qu'il/elle a remarquées ? Quel système est-ce qu'il/elle préfère ?

Jugements. Êtes-vous content(e) de votre vie à l'université ? Qu'est-ce que vous aimez ? Qu'est-ce que vous n'aimez pas ? Avez-vous des solutions à proposer ?

Dans ce chapitre, vous avez analysé certains aspects du système d'enseignement français. Comparez-les avec le système d'enseignement américain. Qu'est-ce que vous préférez dans le système français ? Et dans le système américain ? Quel système semble le plus rigoureux ? juste ? Écrivez vos réflexions dans votre journal, selon les indications de votre professeur.

Nom _____ Classe _____ Date _____

CHAPITRE 4

Perspectives sur l'exil
L'immigration et l'assimilation

PRONONCIATION

Le / R /

The French /R/ has no equivalent in English. It is a light *fricative* sound; friction is created in the back of the mouth. Substituting an American /r/ will produce a strong and unflattering accent.

Orthographe

The /R/ sound is usually written *r*: rire, par, grand.

It may also be written rr or *rh*: marre, rhume.

Conseils Pratiques
- To produce the French /R/, place the tip of your tongue against your lower teeth; the back of your tongue will be raised.
- As you pronounce the syllable "ga", move the back of your tongue closer to the back of your mouth.

Pratique

Le R français. Écoutez et répétez les expressions et mots suivants.

avoir   appartement   grandi   frère   aujourd'hui   sorte   prison   pour   arrive   sortir

On était content d'avoir cet appartement. C'est là où vous avez grandi, ton frère et toi. Aujourd'hui, c'est devenu une sorte de prison pour nous. On n'arrive plus à en sortir.

Le e caduc

The vowel /ə/ is found in words such as *le* and *mercredi*. It is pronounced with the lips rounded; the tongue is not too high or too low in the mouth and its tip is kept behind the lower teeth.

Nom _____ Classe _____ Date _____

Orthographe

This vowel is usually spelled *e:* pr<u>e</u>nez, faites-l<u>e</u>, j<u>e</u>ter.

It is spelled *ai* in the verb [nous] *f<u>ai</u>sons*, and derived froms: [elle] *f<u>ai</u>sait*, and so forth.

Note that the first syllable of the word *monsieur* contains this vowel: /mə sjø/.

This vowel is called *caduc* (falling), since it may or may not be pronounced in a word, depending on very complex rules. While you will not need to know these rules to perform the exercises below, here are some guidelines:

Conseils Pratiques

- /ə/ is retained in the pronunciation of a word if its deletion would cause three or more consonants to come together: vendr<u>e</u>di, appart<u>e</u>ment, gouvern<u>e</u>ment

- /ə/ is always dropped at the end of a word or phrase, except with the object pronoun *le* in the affirmative imperative: class*e̸* , ferm*e̸* le livr*e̸* but ferm*e̸* -l<u>e</u>.

- /ə/ is usually retained at the beginning of a phrase: v<u>e</u>nez, d<u>e</u>mandez.

- /ə/ is retained before the sequence consonant + /j/: s<u>e</u>rions, at<u>e</u>lier.

- In a series of one-syllable words containing /ə/, every other one is dropped: J<u>e</u> m*e̸* demand*e̸* , Il t<u>e</u> l*e̸* dit.

The above observations are generalizations. You may hear examples that seem to contradict them. You may wish to ask your teacher about those particular cases. The best way to master this complex subject is to follow a good model.

Pratique

Le e caduc. Ecoutez et répétez les phrases et mots suivants, en faisant attention à la prononciation ou à la suppression du e caduc.

Les étrangers dehors !

Vous voulez me mettre dehors simplement parce que mes parents sont d'origine étrangère.

Je trouve que vous avez du culot de critiquer les Français alors que vous profitez de tout ce que la France vous offre.

Je te le répète : tu as ta patrie et j'ai la mienne.

Nom _____ Classe _____ Date _____

INTERACTION

AUTREMENT DIT

A. Les problèmes sociaux. Écoutez les phrases et indiquez le problème dont on parle.

1. **a.** la toxicomanie   **b.** la pollution
2. **a.** l'agression   **b.** le SIDA
3. **a.** le SIDA   **b.** le racisme
4. **a.** le chômage   **b.** l'ivresse au volant
5. **a.** l'alcoolisme   **b.** le chômage
6. **a.** la pollution   **b.** la délinquance
7. **a.** la pauvreté   **b.** la pollution
8. **a.** l'ivresse publique   **b.** le chômage

B. Au contraire ! Vous dites exactement le contraire de ce que vous entendez. Employez des expressions de l'**Autrement dit**.

> **Modèle :** Vous entendez : Cet appartement est fabuleux.
> Vous dites : **Mais non, il est lamentable.**
> Vous vérifiez : **Mais non, il est lamentable.**

STRUCTURE I

Pour faire référence à un élément du discours déjà mentionné : les compléments d'objet direct et indirect

A. Tu m'écoutes ? Vous essayez de parler à votre camarade de chambre mais elle est distraite et vous devez tout répéter ! Suivez le modèle.

> **Modèle :** Vous entendez : Tu as acheté le journal aujourd'hui ?
> Vous dites : **Tu l'as acheté ?**
> Vous vérifiez : **Tu l'as acheté ?**

B. C'est la dictature ! Dites à votre camarade de chambre ce qu'il/elle doit faire, en utilisant l'impératif. Suivez le modèle.

Nom _____ Classe _____ Date _____

    Modèle :   Vous entendez :   J'achète le journal ?
                   Vous dites :   **Achète-le !**
                   Vous vérifiez :   **Achète-le !**

STRUCTURE II

Pour faire référence à un élément du discours déjà mentionné : les pronoms y, en; les pronoms toniques après les prépositions

A. À l'aéroport. Il y a trop de bruit et il faut répéter tout ce que vous dites ! La deuxième fois, employez le pronom approprié.

    Modèle :   Vous entendez :   Tu as parlé à ton patron ?
                   Vous dites :   **Tu lui as parlé ?**
                   Vous vérifiez :   **Tu lui as parlé ?**

STRUCTURE III

Pour décrire au passé : l'imparfait

A. Plus ça change . . . Vous comparez la vie d'aujourd'hui au passé tout en insistant que rien n'a changé. Répétez chaque phrase en employant l'imparfait.

    Modèle :   Vous entendez :   Aujourd'hui on regarde trop la télévision.
                   Vous dites :   **Autrefois aussi, on regardait trop la télévision.**
                   Vous vérifiez :   **Autrefois aussi, on regardait trop la télévision.**

STRUCTURE IV

Pour exprimer la possession : les pronoms possessifs

A. Camarades de chambre. Remplacez les possessions dont on parlera par le pronom possessif approprié.

    Modèle :   Vous entendez :   Ma chambre est plus petite que ta chambre.
                   Vous dites :   **Ma chambre est plus petite que la tienne.**
                   Vous vérifiez :   **Ma chambre est plus petite que la tienne.**

Compréhension auditive

Texte 1 : Les immigrés de France—Extrait d'une interview avec M. Olivier

Quelles sont les attitudes des Français envers les étrangers ? Dans cette interview, vous allez entendre un point de vue.

Nom _____ Classe _____ Date _____

Avant d'écouter

A. Les immigrés et le travail. Quelles sortes de problèmes est-ce qu'un immigré rencontrerait en cherchant du travail ? Quelle sorte de travail est-ce que les immigrés cherchent en général ? Est-ce que tout le monde serait d'accord pour embaucher un immigré ? Pourquoi ou pourquoi pas ?

B. Vocabulaire. Essayez de deviner la signification des expressions soulignées en faisant bien attention au contexte.

1. Les fabricants japonais de voitures sont avec les fabricants américains, et la compétition est intense.

2. Il veut trouver un emploi comme ingénieur ? Ah non, c'est impossible.

3. Pendant qu'on était en grève,[16] on a embauché des remplaçants qui nous le boulot.

4. Est-ce que c'est vrai que les immigrés qui travaillent d'un Français ?

5. Il est de arabe : ses parents viennent d'Algérie.

C. Conseils pratiques. Le rôle d'un intervieweur est de poser des questions précises et pénétrantes, pour que l'interviewé élabore et raffine son point de vue. Par conséquent, les opinions exprimées au début pourraient être modifiées ou rejetées à la fin. Écoutez toute l'interview avant de répondre aux questions.

Écoutons

Avant d'écouter l'interview, regardez les questions qui suivent. Ensuite, écoutez l'interview en essayant d'en saisir le sens global. Écoutez une deuxième fois pour comprendre les détails.

Vrai ou faux ? Après avoir écouté l'interview, indiquez si les phrases suivantes sont vraies ou fausses.

Selon M. Olivier . . .

1. les immigrés représentent un problème pour les Français.

2. les immigrés sont mal payés.

3. les immigrés prennent la place des autres Français.

4. les immigrés ne sont pas de bons travailleurs.

5. les enfants des immigrés sont toujours des immigrés.

6. il y a trop d'immigrés en France.

Que pensez-vous ? Quelle est l'attitude générale de M. Olivier envers les immigrés ? Est-il hostile, accueillant ou ambivalent ? Justifiez votre opinion en vous basant sur ses réponses aux questions de l'intervieweur.

Autres questions. Quelles autres questions est-ce que vous aimeriez poser à M. Olivier ? Quelles seraient ses réponses, d'après vous ?

Chapitre 4

CHAPITRE 5

Révélations audiovisuelles
Les médias et les valeurs

PRONONCIATION

Les voyelles /i/, /u/, /y/

/i/

/i/ is a near-equivalent of the vowel in the English word *dean*. However, in English, this vowel sound is accompanied by a glide element like the initial sound in the word *you*, resulting from a movement of the tongue towards the palate: me /mi^j/. The French vowel has no glide; it is pronounced without any movement of the tongue.

Orthographe

In French, this vowel sound is usually spelled with the letter *i*: il nie.

Other spellings include *î* and *y*: dîner, hygiène.

/u/

Likewise, the French /u/ is a near-equivalent of the vowel in the English word *do*. Once again, the English vowel is accompanied by a glide: do /du^w/. The French vowel has no such glide.

Orthographe

/u/ is spelled *ou*, *où*, or *oû*: route, où, goûter.

/y/

To pronounce /y/, say /i/ and round your lips.

Orthographe

The sound /y/ is spelled *u* or *û*: tu, dû.

Nom _____ Classe _____ Date _____

> **Conseils Pratiques**
>
> - Pronounce the sounds /i/ and /u/ without any movement of the tongue; these sounds are tenser and purer than in English.
>
> - Avoud substituting /ju^w/ or /u^w/ for /y/, that is, pronouncing *vu* like the English *view*, or *du* like the English do.

Partique

A. Anglais ou français ? Indiquez si les mots suivants sont anglais ou français.

	anglais	français
1.	_____	_____
2.	_____	_____
3.	_____	_____
4.	_____	_____
5.	_____	_____
6.	_____	_____

B. Quelle voyelle ? Indiquez quelle voyelle vous entendez.

	/y/	/u/
1.	_____	_____
2.	_____	_____
3.	_____	_____
4.	_____	_____
5.	_____	_____
6.	_____	_____

C. Le son /i/. Écoutez et répétez les phrases et mots suivants.

Véronique   Delphine   universitaire   cité   samedi   film   chinois   lire   sous-titre

Véronique et Delphine sont à la cité universitaire. Samedi, elles vont voir un film chinois. Delphine n'aime pas lire les sous-titres.

Nom _____ Classe _____ Date _____

D. Le son /u/. Écoutez et répétez les phrases et mots suivants.

goût   écoute   pour   nous   tout   découvert   beaucoup   douce

Chacun a son goût.

Écoute ! Pour nous, le coût est trop élevé.

J'ai tout découvert dans ses chansons. J'aime beaucoup sa douce voix.

E. Le son /y/. Écoutez et répétez les phrases et mots suivants.

Julie   une   musique   vu   réussite   celui   contenu   cruel

Philippe a invité Julie, une amie québecoise, à écouter une cassette de musique africaine.

Tu a vu son dernier clip ? C'est une vraie réussite.

Celui-là ne sait pas chanter. Et ses chansons n'ont pas de contenu.
Toi, tu es cruel !

F. Tout ensemble. Écoutez et répétez les phrases et mots suivants.

Tu as tout vu ! Tu me troubles de plus en plus. Il sera de retour dans douze jours.

Où pourrons-nous trouver un bureau de poste ? Il suppose que tu tousses beaucoup.

INTERACTION

AUTREMENT DIT

A. Allons au cinéma. Écoutez les phrases et indiquez les réponses logiques.

1. **a.** Ça n'a pas d'importance.   **b.** Je veux bien.

2. **a.** Ne t'en fais pas.   **b.** C'est en version originale ?

3. **a.** C'est un film à ne pas manquer.   **b.** C'est à quel cinéma ?

4. **a.** Je ne sais pas, mais . . .   **b.** Je ne sais pas, mais . . .

     . . . il est interdit aux moins de 18 ans.   . . . il y a une réduction le jeudi soir.

5. **a.** Non, je suis désolé.   **b.** Non, il y a un tarif réduit.

Chapitre 5

Nom _____ Classe _____ Date _____

STRUCTURE I

Pour narrer au passé : les temps du passé (suite / résumé)

A. Quels temps ? Indiquez si les phrases que vous entendez sont au **passé composé**, à **l'imparfait**, ou au **plus-que-parfait**.

1. **a.** passé composé **b.** plus-que-parfait **c.** imparfait
2. **a.** passé composé **b.** plus-que-parfait **c.** imparfait
3. **a.** passé composé **b.** plus-que-parfait **c.** imparfait
4. **a.** passé composé **b.** plus-que-parfait **c.** imparfait
5. **a.** passé composé **b.** plus-que-parfait **c.** imparfait
6. **a.** passé composé **b.** plus-que-parfait **c.** imparfait
7. **a.** passé composé **b.** plus-que-parfait **c.** imparfait
8. **a.** passé composé **b.** plus-que-parfait **c.** imparfait
9. **a.** passé composé **b.** plus-que-parfait **c.** imparfait
10. **a.** passé composé **b.** plus-que-parfait **c.** imparfait
11. **a.** passé composé **b.** plus-que-parfait **c.** imparfait
12. **a.** passé composé **b.** plus-que-parfait **c.** imparfait

STRUCTURE II

Pour narrer : les adverbes

A. Comparaisons. Écoutez les phrases sur Élise et Marthe. Ensuite, répondez aux questions qu'on vous pose.

    Modèle :   Vous entendez: Marthe a fini son sandwich et Élise continue à manger. Qui mange plus lentement, Élise ou Marthe ?
                    Vout dites :   **Élise mange plus lentement que Marthe.**
                    Vous vérifiez :   **Élise mange plus lentement que Marthe.**

Nom _____ Classe _____ Date _____

STRUCTURE III

Pour narrer au présent : les verbes pronominaux

A. En vacances. Un ami vous rencontre et vous pose des questions. Répondez à ses questions affirmativement et par des phrases complètes.

    Modèle :   Vous entendez :   Je me souviens de cet endroit. Et vous ?

                 Vous dites :   **Nous nous souvenons de cet endroit.**

                 Vous vérifiez :   **Nous nous souvenons de cet endroit.**

B. Toujours en vacances. Le lendemain cet ami vous pose les mêmes questions. Irrité(e) vous répondez cette fois-ci, négativement.

    Modèle :   Vous entendez :   Je me souviens de cet endroit. Et vous ?

                 Vous dites :   **Nous ne nous souvenons pas de cet endroit.**

                 Vous vérifiez :   **Nous ne nous souvenons pas de cet endroit.**

STRUCTURE IV

Pour poser une question : les pronoms interrogatifs (suite)

A. Sondage. Vous trouvez une feuille de réponses à un sondage sur les immigrés. Essayez de reconstruire les questions qui correspondent aux réponses. Suivez le modèle.

    Modèle :   Vous entendez :   Ils s'intéressent à l'avenir de leurs enfants.

                 Vous dites :   **À quoi s'intéressent-ils ? or**

                               À quoi est-ce qu'ils s'intéressent ?

                 Vous vérifiez :   **À quoi s'intéressent-ils ? or**

                               À quoi est-ce qu'ils s'intéressent ?

Compréhension auditive

Avant l'écoute

A. La Fête de la Musique. En 2005, ce festival musical a fêté ses 24 ans. On a choisi comme thème : la pratique amateur. Les organisateurs espéraient pousser les amateurs à partager leur art et faire cohabiter toutes les musiques. Explication: depuis quelques années, l'événement avait tendance à s'éloigner de ses origines. Cette fois-ci, la Fête de la musique a tenté donc un retour aux sources.

Nom _____ Classe _____ Date _____

B. Termes musicaux. Lesquels des mots suivants associez-vous à la musique ?

- les conservatoires
- la vigilance
- les chorales
- les musiciens
- un souhait

C. Interprétations. Voici quelques extraits du texte que vous allez écouter. Quel est le sens de chaque phrase ? Choisissez la meilleure interprétation.

1. La Fête de la Musique c'est aussi une photographie de la pratique musicale.

    - Les photographes participent aussi à cette fête.
    - La fête met en valeur les tendances musicales.
    - On prend des photos des musiciens pendant leur répétitions (*rehearsals*).

2. Mais, je crois qu'elle [=la Fête de la Musique] est toujours présente, elle est toujours attendue, elle se renouvelle

    - La Fête est un événement qui a lieu régulièrement
    - La Fête doit être renouvelée tous les ans.
    - Il faut attendre pour être admis à la Fête.

3. C'était [. . .], un souhait du ministre, de replacer la pratique amateur au centre du débat, parce que, c'est vrai que, depuis quelques années, [. . .] les associations se démobilisaient sur la . . . autour de la Fête de la Musique.

    - La Fête va mettre l'accent sur la pratique amateur.
    - le ministre veut supprimer la pratique amateur.
    - Les associations seront exclues de la Fête.

Nom _____ Classe _____ Date _____

Après l'écoute

A. Vrai ou faux ? Dites si les phrases suivantes sont vraies ou fausses.

	Vrai	Faux
1. La Fête de la Musique change tous les ans.		
2. M. Bordier est en faveur des changements effectués dans la Fête de la Musique.		
3. On a décidé de mettre en valeur la pratique des amateurs à cause du grand nombre d'amateurs qui participent à la Fête.		
4. Le gouvernement a favorisé le nouveau thème de la Fête.		
5. Les autres associations musicales seront exclues de la Fête cette année.		

B. Petite dictée. Écoutez le texte sonore encore une fois et remplissez les blancs avec les mots que vous entendez.

Hervé Bordier : Elle évolue chaque année, c'est des _____¹ nouvelles, déjà musicales, puisque la Fête de la Musique c'est aussi une photographie de la pratique musicale. Donc, _____² qu'elle évolue dans le bon sens. _____³ être vigilant, il faut mobiliser les _____⁴, les acteurs de la musique en France et . . . Mais, je crois qu'elle est toujours présente, elle est toujours attendue, elle se renouvelle, en tout cas, chaque année. Donc c'est ça qui est _____⁵.

Chapitre 5

203

Nom _____ Classe _____ Date _____

CHAPITRE 6

Comment peut-on être Français ?
Clés de l'identité

PRONONCIATION

Les voyelles /o/, /ɔ/

/o/

The vowel /o/ is somewhat similar to the vowel sound in the English word *boat*. Whereas the English sound is accompanied by a glide /oʷ/, the French version is glideless: there is no movement of the tongue during its articulation.

Orthographe

This sound is spelled o in an *open syllable* (one that ends in a vowel sound): s<u>o</u>t, ph<u>o</u>to.

In a *closed syllable* (one that ends in a consonant sound), the spelling *o* represents the sound /o/ ONLY before the sound /z/: r<u>o</u>se, ch<u>o</u>se, d<u>o</u>se. In other cases, *o* represents /ɔ/ (see below).

In an open or closed syllable, the spellings *ô*, *au*, and *eau* all represent /o/: t<u>ô</u>t, r<u>ô</u>le; <u>au</u>, s<u>au</u>ce; b<u>eau</u>, B<u>eau</u>ne.

/ɔ/

The vowel /ɔ/ is similar to the vowel sound in the English word *but*. In French, however, the lips are more rounded and the articulation is tenser.

Orthographe

/ɔ/ is found in closed syllables with the spelling *o*: p<u>o</u>rte, v<u>o</u>tre.

Chapitre 6   205

Nom _____ Classe _____ Date _____

Conseils Pratiques

- Avoid adding a glide /o^w, ɔ ^{w}/ to the pronunciation of these sounds by keeping the tongue stationary during their articulation.

- Remember to pronounce /o/ in a closed syllable when the letter *o* is followed by the /z/ sound: rose = /roz/, not /*rɔ z/.

- Remember that in all other cases except the one listed above, the letter *o* represents /ɔ / in a closed syllable: votre = /vɔ tR/. All other spellings (ô, eau, au) represent /o/: vôtre = /votR/.

Pratique

A. Anglais ou français ? Indiquez si les mots suivants sont anglais ou français.

	anglais	français
1.	_____	_____
2.	_____	_____
3.	_____	_____
4.	_____	_____
5.	_____	_____
6.	_____	_____

B. /o/ ou /ɔ / ? Dites si vous entendez la voyelle /o/ ou la voyelle /ɔ /.

	/o/	/ɔ /
1.	_____	_____
2.	_____	_____
3.	_____	_____
4.	_____	_____
5.	_____	_____
6.	_____	_____

Nom _____ Classe _____ Date _____

C. La voyelle /o/. Écoutez et répétez les phrases et mots suivants.

chaud   pause   sauce   rose   s'impose   rôti   gros   faux

Il fait chaud ! Prenons une pause.

Cette sauce rose s'impose avec un rôti.

Ce gros diamant est un faux.

D. La voyelle /ɔ/. Écoutez et répétez les phrases et mots suivants.

comme   votre   bonheur   important   horreur   révolution   démocratie   philosophie   original

Comme votre bonheur est important pour moi !

Après l'horreur de la révolution, une démocratie s'est établie.

Votre philosophie est originale !

E. Tout ensemble. Écoutez et répétez les phrases et mots suivants. Faites bien attention à la distinction entre /o/ et /ɔ/.

votre-vos   notre-nôtre   Paul-Paule   sot-sotte   beau-botte   mot-motte

Votre ami Paul est sot, mais sa sœur Paule est encore plus sotte.

Est-ce que c'est notre botte ? Oui, c'est la nôtre.

Que veut dire le mot « motte »?

INTERACTION

STRUCTURE I

Pour relier deux propositions : les pronoms relatifs après les prépositions

A. Une nouvelle camarade de chambre. Faites une description de Solange, votre nouvelle camarade de chambre, selon les informations données. Commencez vos phrases par «*C'est une personne . . .* » et **le pronom relatif** nécessaire. Suivez le modèle.

    Modèle :   Vous entendez :   Elle travaille dur.

                    Vous dites :   **C'est une personne qui travaille dur.**

                    Vous vérifiez :   **C'est une personne qui travaille dur.**

Nom _____ Classe _____ Date _____

B. Les problèmes politiques et sociaux. Vous discutez de certains problèmes politiques avec un(e) ami(e). Montrez que vous êtes d'accord en répétant les opinions que vous entendez et en employant un pronom relatif.

    Modèle :   Vous entendez :   Le racisme est inquiétant.
                      Vous dites :   **Oui, c'est un problème qui est inquiétant.**
                      Vous vérifiez :   **Oui, c'est un problème qui est inquiétant.**

STRUCTURE II

Identifier et décrire : l'emploi de c'est *et de* il/elle est

A. Identifications. Identifiez les personnes et les choses dont on parle en employant *c'est* ou *ce sont*. Employez le temps présent.

    Modèle :   Vous lisez :   (une reine)
                      Vous entendez :   **Qui est Marie-Antoinette ?**
                      Vous dites :   **C'est une reine.**
                      Vous vérifiez :   **C'est une reine.**

1. (un roi)
2. (des princesses)
3. (un président)
4. (un premier ministre)
5. (un dictateur)
6. (un premier ministre)
7. (des corps législatifs)
8. (un serpent)

B. Descriptions. Décrivez ou identifiez les personnes ou les choses dont on parle en employant *il est, elle est, ils sont* ou *elles sont*. Employez le présent.

    Modèle :   Vous lisez :   (animatrice)
                      Vous entendez :   **Qui est Oprah Winfrey ?**
                      Vous dites :   **Elle est animatrice.**
                      Vous vérifiez :   **Elle est animatrice.**

1. (cinéaste)
2. (français)

Nom _____ Classe _____ Date _____

3. (réaliste)

4. (petit)

5. (bon)

6. (écrivain)

STRUCTURE III

Pour parler du futur : le futur et le futur antérieur

A. Bientôt. Indiquez si les phrases que vous entendrez sont au **futur** ou au **futur antérieur**.

1. **a.** futur **b.** futur antérieur
2. **a.** futur **b.** futur antérieur
3. **a.** futur **b.** futur antérieur
4. **a.** futur **b.** futur antérieur
5. **a.** futur **b.** futur antérieur
6. **a.** futur **b.** futur antérieur

B. Promesses. Écoutez les phrases et indiquez la première chose qu'on va faire.

1. **a.** te donner ma décision **b.** parler à ta mère
2. **a.** remplir ces formulaires **b.** envoyer le remboursement
3. **a.** finir la vaisselle **b.** rentrer
4. **a.** finir l'exercice **b.** corriger l'exercice
5. **a.** commencer à faire du jogging **b.** finir ce mémoire
6. **a.** boire moins de café **b.** passer notre dernier examen final

STRUCTURE IV

Pour parler du temps : les prépositions pour, pendant, dans, en + *expression temporelle*

Chapitre 6

Nom _____ Classe _____ Date _____

A. **Dans combien de temps ?** Dites dans combien de temps chaque personne finira sa thèse doctorale.

    Modèle :   Vous lisez :   (trois ans)
                      Vous entendez : Et Anne ?
                      Vous dites :   **Anne finira dans trois ans.**
                      Vous vérifiez : **Anne finira dans trois ans.**

1. (un mois)
2. (deux ans)
3. (six mois)
4. (quatre ans)
5. (trois minutes)

STRUCTURE V

Pour parler des conditions potentielles : les phrases avec si

A. **Suggestions ou hypothèses ?** Écoutez les phrases et indiquez si on donne une suggestion (**à l'impératif**) ou si on parle d'une hypothèse (**au conditionnel**).

1. **a.** une suggestion   **b.** une hypothèse
2. **a.** une suggestion   **b.** une hypothèse
3. **a.** une suggestion   **b.** une hypothèse
4. **a.** une suggestion   **b.** une hypothèse
5. **a.** une suggestion   **b.** une hypothèse

B. **Des conditions.** Choisissez la terminaison appropriée pour les débuts de phrase que vous entendrez.

1. **a.** . . . mes valises étaient moins lourdes.   **b.** . . . mes valises seraient moins lourdes.
2. **a.** . . . on pourra visiter les Alpes.   **b.** . . . on pourrait visiter les Alpes.
3. **a.** . . . nous ferions un trajet en Corse.   **b.** . . . nous faisions une excursion en Corse.
4. **a.** . . . vous regardiez moins la télé.   **b.** . . . vous regarderez moins la télé.
5. **a.** . . . vous nous téléphoniez.   **b.** . . . téléphonez-nous !
6. **a.** . . . tu mets tes lunettes de soleil.   **b.** . . . tu mettais tes lunettes de soleil.

Nom _____ Classe _____ Date _____

Compréhension auditive

Texte I : Interview avec un Sénégalais de Dakar (première partie)

Avant d'écouter

A. Renseignez-vous. Renseignez-vous sur le Sénégal en regardant le *Répertoire géographique* et les cartes au début du livre. Ensuite, répondez aux questions suivantes.

1. Quels pays sont situés près du Sénégal ?
2. Quelle est la capitale du pays ?
3. Quelles sont les dates de la colonisation française ?
4. Quelles langues sont parlées au Sénégal ?

B. Hypothèses. Réfléchissez aux questions suivantes avant d'écouter.

1. Après environ 80 ans en tant que colonie française, quels souvenirs de cette période est-ce que les Sénégalais auraient ?
2. Est-ce que ces souvenirs seraient plus forts chez les jeunes ou chez les vieux ?
3. Quels facteurs contribueraient à un sentiment d'unité nationale ?

Écoutons

Regardez les questions dans le premier exercice ci-dessous. Ensuite, écoutez l'interview et répondez-y. Écoutez une deuxième fois si nécessaire pour vérifier vos réponses.

A. Répondez. Répondez aux questions suivantes.

1. Quels liens unissent le Sénégal à la France ?
2. À quelle génération est-ce que l'auteur appartient ?
3. Pouquoi est-ce que les Sénégalais ont un instinct national très fort ?

B. Le mot juste. En vous basant sur l'interview, complétez les phrases suivantes.

1. La génération plus âgée se sent encore _____ à la France.

2. Ceux qui étaient nés dans quatre communes particulières du Sénégal étaient considérés commes des _____.

3. Les jeunes sont moins attachés à la France parce qu'ils n'ont pas connu _____.

Chapitre 6

Nom _____ Classe _____ Date _____

4. Le Sénégal est le pays africain où l'instinct national est le plus _____.

Texte II : Interview avec un Sénégalais de Dakar (deuxième partie)

Avant d'écouter

Identifications. Dans ce passage, le Sénégalais va faire allusion à Léopold Senghor, le célèbre président du Sénégal (1960–1980), qui était aussi poète et philosophe. Dans quel contexte est-ce qu'il est cité ?

Écoutons

Regardez les questions suivantes pour vous donner une idée générale du texte auditif.

A. L'identité sénégalaise. Qu'est-ce que ça signifie d'être sénégalais ? Répondez aux questions suivantes.

1. Donnez deux raisons pour expliquer pourquoi on considère les Sénégalais comme de grands intellectuels.

2. Donnez une définition pour les mots suivants, en vous basant sur l'interview.

   la teraanga _____

   la kersa _____

   le jom _____

B. D'autres questions. Qu'est-ce que ça signife pour vous d'être américain(e) ? Est-ce que vous pourriez le résumer en trois termes, comme l'a fait le Sénégalais ? Posez la même question à quelqu'un d'une autre nationalité. En quoi est-ce que sa réponse est différente de la vôtre ? Pourriez-vous expliquer cette différence en vous basant sur des facteurs historiques ?

Quels symboles représentent pour vous l'Amérique ? la France ? Pourquoi ? Expliquez votre choix.

Nom _____ Classe _____ Date _____

CHAPITRE 7

Regards sur la société
La diversité culturelle de la France

PRONONCIATION

Les voyelles /e/, /ɛ/, /œ/, /ø/

/e/

The vowel /e/ is similar to the vowel in the English word *day*. Unlike the English vowel, the French version has no glide.

Orthogrpahe

This sound is spelled *é* (cl<u>é</u>); *er* (parl<u>er</u>); *ez* (dorm<u>ez</u>); and in one-syllable words, *es* (l<u>es</u>); *et* (<u>et</u>). Note that this sound occurs in open syllables, that is, it is the last sound in the syllable.

/ɛ/

The sound /ɛ/ is similar to the vowel sound in the English word *get*. Avoid pronouncing a glide with this vowel.

Orthographe

This sound may be spelled e (d<u>e</u>tte); è (p<u>è</u>re); ê (r<u>ê</u>ve); ai (c<u>ai</u>sse); ei (s<u>ei</u>ze).

In an open syllable in final position, this sound may be spelled *et*, *êt* (proj<u>et</u>, for<u>êt</u>); *ect* (asp<u>ect</u>); *ès* (progr<u>ès</u>); *ai*, *aî* (dél<u>ai</u>, [il] ser<u>ait</u>).

Conseils Pratiques

- Avoid pronouncing a glide with the vowel sounds /e/ and /ɛ/.

- Some speakers maintain a distinction between (je) *serai* /sRe/ (future) and (je) *serais* /sRɛ/ (conditional).

- You may hear variation in the pronunciation of *mais*, *très*, and *est*. Some speakers use the vowel /e/, whereas others use a vowel that is closer to /ɛ/.

Chapitre 7

Nom _____ Classe _____ Date _____

Pratique

A. Anglais ou français ? Indiquez si les mots suivants sont anglais ou français.

	anglais	français
1.	_____	_____
2.	_____	_____
3.	_____	_____
4.	_____	_____
5.	_____	_____
6.	_____	_____

B. La voyelle /e/. Écoutez et répétez les phrases et mots suivants.

moquez   insultez   ces   assurer   étonner   gêné   étranger   société   démocratique   volonté   majorité

Vous vous moquez de moi ? C'est vous qui m'insultez avec ces histoires.

Je peux vous assurer que ces choses m'étonnent.

Les gens sont gênés de parler occitan devant les étrangers.

Dans une société démocratique, on suit la volonté de la majorité.

C. La voyelle /ɛ/. Écoutez et répétez les phrases et mots suivants.

affaire   servir   espère   être   biais   française   permettre   reste

Si je devais aller en Côte d'Ivoire pour les affaires, à quoi est-ce que ça me servirait de parler wolof ?

Et à quoi servira le français à celui qui espère être marchand de riz à Diourbel ?

Nous avons besoin d'une langue qui nous permette de communiquer avec le reste du monde.

D. Tout ensemble. Écoutez et répétez les phrases et mots suivants.

connaissez   des   pourraient   emmener   pêche   taquinais   mais   c'est   vrai   j'ai   parler   les

Est-ce que vous connaissez des gens du coin qui pourraient m'emmener à la pêche ?

Je vous taquinais, mais c'est vrai que j'ai l'habitude de parler occitan avec les gens du coin.

Nom _____ Classe _____ Date _____

/ø/, /œ/

These vowel sounds do not exist in English. To form /ø/, say /e/ and round your lips. To form /œ/, say /ɛ/ and round your lips.

Orthographe

Both sounds are spelled *eu* or *œu*. /ø/ is found in an open syllable: p<u>eu</u> [pø], b<u>œu</u>fs [bø] (note that the final consonant of *bœuf* and *œuf* is not pronounced in the plural); it is also found in a closed syllable before the sound /z/: heur<u>eu</u>se. /œ/ is found in a closed syllable: j<u>eu</u>ne [ʒœn], b<u>œu</u>f [bœf].

Pratique

A. La voyelle /ø/. Écoutez et répétez les phrases et mots suivants.

curieux   peut   deux   ceux   heureuse   menteuse   peureuse   jeux   dangereux

Je suis curieux : pourquoi est-ce qu'il peut nous en donner deux de ceux-là ?

Cette heureuse menteuse n'est pas peureuse !

Ces jeux sont dangereux pour ceux qui ont moins de deux ans.

B. La voyelle /œ/. Écoutez et répétez les phrases et mots suivants.

jeune   professeur   peur   sœur   heure   Honfleur   seul   œuf

Ce jeune professeur a peur de sa sœur. À quelle heure part le train pour Honfleur ?

J'ai besoin d'un seul œuf.

C. Tout ensemble. Écoutez et répétez les phrases et mots suivants.

un œuf-des œufs   un bœuf-des bœufs   il peut-ils peuvent   elle veut-elles veulent

Un de ces œufs vaut deux bœufs. Ce professeur peut faire ce qu'elles veulent.

Ils peuvent rester seuls pendant deux heures.

Chapitre 7

Nom _____ Classe _____ Date _____

INTERACTION

AUTREMENT DIT

A. Réponses. Cochez la réponse appropriée pour chaque question ou phrase que vous entendez.

1. _____ Oui. Continuez tout droit.   _____ Ce n'est pas grave.

2. _____ Je m'excuse.   _____ Il n'y a pas de mal.

3. _____ Ce n'est rien.   _____ C'est tout près.

4. _____ Tu rigoles ?   _____ Ce n'est pas grave.

STRUCTURE I

Pour exprimer un point de vue : l'infinitif et le présent du subjonctif après les expressions impersonnelles

A. À la gare. Ajoutez le sujet entre parenthèses à la phrase que vous entendrez et employez le subjonctif.

    Modèle :   lisez :   (nous)

                     Vous entendez :   Il faut réserver des places.

                     Vous dites :   **Il faut que nous réservions des places.**

                     Vous vériviez :   **Il faut que nous réservions des places.**

1. (Martin et Claire)

2. (vous)

3. (Anne)

4. (tu)

STRUCTURE II

Pour narrer au passé : les temps composés des verbes pronominaux

A. Une expérience d'immigration. Vous avez entendu l'histoire d'une famille québécoise qui a immigré en Nouvelle Angleterre et vous racontez leur histoire à une amie en vous basant sur des notes que vous avez prises. Suivez le modèle.

    Modèle :   Vous lisez :   (la famille / se décider à immigrer)

                     Vous dites :   **La famille s'est décidée à immigrer.**

                   Vous vérifiez :   **La famille s'est décidée à immigrer.**

1. (la famille / s'installer dans le Vermont)
2. (les parents / s'occuper de trouver un travail)
3. (le petit garçon / se disputer avec les enfants américains)
4. (la petite fille / ne pas s'amuser à l'école)
5. (ils / se promettre de ne pas oublier le français)

STRUCTURE III

Pour exprimer la volonté et la préférence : la forme verbale après les expressions de volonté et de préférence

A. Une vie de rêve. Liez la phrase que vous entendrez à la phrase entre parenthèses en employant **l'infinitif**, le **subjonctif** ou **l'indicatif** (présent ou futur).

> **Modèle :** Vous lisez : (Je passe ma vie sur une île déserte.)
> Vous entendez : Je serais content . . .
> Vous dites : **Je serais content de passer ma vie sur une île déserte.**
> Vous vérifiez : **Je serais content de passer ma vie sur une île déserte.**

1. (Je pourrai le faire.)
2. (Tous mes amis viendront avec moi.)
3. (Nous nous détendons.)
4. (Il fait toujours beau.)
5. (Je pars.)
6. (Il vient avec nous.)

STRUCTURE IV

Pour exprimer l'émotion et le doute : la forme verbale après les expressions d'émotion, de doute et de peur

> **Modèle :** Vous lisez : (Je crains)
> Vous entendez : Les frais de scolarité sont très élevés.
> Vous dites : **Je crains que les frais de scolarité ne soient très élevés.**
> Vous vérifiez : **Je crains que les frais de scolarité ne soient très élevés.**

Nom _____ Classe _____ Date _____

STRUCTURE V

Pour repérer : les prépositions avec les noms géographiques

A. Où vont-ils ? Donnez le nom du pays ou de l'état qui est la destination des voyageurs suivants.

   Modèle :   Vous entendez :   Maryse veut visiter Rome.
                  Vous dites :   **Elle va en Italie.**
                  Vous vérifiez :   **Elle va en Italie.**

B. D'où viennent-ils ? Identifiez le pays ou la région d'origine des personnes décrites.

   Modèle :   Vous entendez :   Samba est sénégalais.
                  Vous dites :   **Il vient du Sénégal.**
                  Vous vérifiez :   **Il vient du Sénégal.**

Compréhension auditive

Interview avec Mme C. d'Haïti

Dans cette interview, Mme C. explique la situation linguistiqe dans son pays, Haïti.

Avant d'écouter

A. Que savez-vous déjà ? Quelles langues sont parlées en Haïti ? Est-ce que la plupart de Haïtiens sont bilingues ? Quelle est l'origine du créole ? Savez-vous ce que c'est qu'un patois ?

B. Qui parle créole ? Dans la société haïtienne, le français est considéré comme la langue de prestige, de l'enseignement et du gouvernement, tandis que le créole a un statut inférieur. Pour mieux vous familiariser avec la situation linguistique du français et du créole dans la société haïtienne, faites l'exercice suivant : cochez la case pour indiquer si les personnes décrites parleraient français ou créole.

	Français	Créole
un habitant d'un village à la campagne	_____	_____
une domestique	_____	_____
un juge	_____	_____
un membre de la bourgeoisie	_____	_____

C. Le contexte. En vous basant sur le contexte, essayez de deviner le sens des mots en italique.

1. Il y a eu une forte opposition, tout un *tollé* à propos du créole . . .

2. Aristide parle un créole vraiment très bon, très *châtié*.

Nom _____ Classe _____ Date _____

3. Maintenant, si vous arrivez dans certains milieux et que vous parlez français, vraiment, quelqu'un va vous regarder *de travers*. Il va penser que vous êtes un réactionnaire.

4. On a toujours vu le créole comme un *patois*. Mais il faut montrer au peuple qu'il n'y a pas de langue supérieure à une autre.

Écoutons

Écoutez une fois pour saisir le sens global. Ensuite, écoutez en faisant bien attention aux sujets traités dans les exercises suivants.

A. Créole ou français ? En vous basant sur l'interview, dites si on parle français ou créole.

	Français	Créole
Madame C. à la maison	_____	_____
la domesticité	_____	_____
les gens dans la rue	_____	_____
le père Aristide (le ex-premier président du pays)	_____	_____
les fils de parents pauvres	_____	_____
les fils de bourgeois	_____	_____

B. Conflits linguistiques. Répondez aux questions suivantes.

1. Mme C. explique que si vous adressez la parole en créole à quelqu'un qui parle français, il va être insulté. Pourquoi ?

2. Quelle évolution est-ce qu'on a vue à propos du rôle du créole dans la société haïtienne ? Citez des exemples tirés de l'interview.

3. Pourquoi est-ce que les pauvres se sont opposés à la nouvelle importance accordée au créole ?

C. Façons de parler. Dans notre société, est-ce qu'on juge une personne d'après sa façon de parler ? Est-ce qu'un accent ou un dialecte empêche la mobilité sociale ou l'avancement professionnel ?

Chapitre 7

CHAPITRE 8

Le travail et les loisirs
Entrées dans le monde du travail

PRONONCIATION

Les voyelles nasales

French has three nasal vowels,[1] found in such words as *vent, vin,* and *vont*. When you pronounce a nasal vowel, the air stream escapes partly through the nasal passage and partly through the oral passage. In the spelling system, nasal vowels are signaled by a vowel followed by the written consonant *n* or *m* at the end of a syllable or word, with or without additional consonants following it: gr<u>an</u>d, <u>in</u>sulter, parf<u>um</u>. A vowel followed by an *n/nn* or an *m/mm* and another vowel remains oral: <u>â</u>ne, <u>in</u>nocent, d<u>o</u>mmage. When pronouncing nasal vowels in French, do not pronounce the following nasal consonant *n* or *m*.

/ã/

This vowel is similar to the vowel sound in the English word *jaunt*. Be sure not to pronounce the consonant following the vowel.

Orthographe

/ã/ is represented in the spelling system by *en, em* (v<u>en</u>t, <u>en</u>s<u>em</u>ble) or by *an, am* (<u>an</u>tique, j<u>am</u>be).

/õ/

The vowel /õ/ is similar in pronunciation to the vowel sound in the English words *bone* and *don't*. However, in French, the vowel is a pure nasal, pronounced without any following consonant sound.

Orthographe

/õ/ is spelled *on* or *om:* r<u>on</u>d, b<u>om</u>be.

/ɛ̃/

This vowel sound is somewhat similar to the vowel in the English word *can* or *pan*, without the following consonant sound.

---

[1] Some speakers have a fourth nasal vowel, /œ̃/, found in such words as *un, parfum*.

Nom _____ Classe _____ Date _____

Orthographe

The most common spellings of /ɛ̃/ are:

in, im	<u>in</u>téressant, s<u>im</u>ple
ain, aim	m<u>ain</u>tenant, f<u>aim</u>
en (when preceded by i, y, or é)	v<u>ien</u>t, europé<u>en</u>, moy<u>en</u>
oin	l<u>oin</u>
un, um	<u>un</u>, parf<u>um</u>

Conseils Pratiques

- Pay special attention to the difference between oral and nasal vowels, since it accounts for important gender and number distinctions: patron = /patRõ/; patronne = /patRɔn/; vient = vjɛ̃ /; viennent = /vjɛn/.

Pratique

A. Voyelle orale ou voyelle nasale ? Indiquez si vous entendez une voyelle orale ou une voyelle nasale.

	voyelle orale	voyelle nasale
1.	_____	_____
2.	_____	_____
3.	_____	_____
4.	_____	_____
5.	_____	_____
6.	_____	_____
7.	_____	_____
8.	_____	_____

B. La voyelle /ã/. Écoutez et répétez les phrases et mots suivants.

ensemble   avant   reprendre   employée   banque   encore   Rouen   vivant   enfin

Deux amis déjeunent ensemble, avant de reprendre le travail.

Nom _____ Classe _____ Date _____

Elle est employée de banque à Rouen.

Patrick est encore vivant, enfin, j'espère.

C. La voyelle /õ/. Écoutez et répétez les phrases et mots suivants.

longtemps   on   façon   sont   Montréal   diction   onze   ont   maison

Ça fait longtemps qu'on ne s'est pas vu. Ils sont allés à Montréal.

Elle suit un cours de diction. Ils ont décidé de vendre la maison.

D. La voyelle /ɛ̃/. Écoutez et répétez les phrases et mots suivants.

craignais   enfin   province   cousin   vin   saint   moins   main   foins

Ce que je craignais est enfin arrivé : j'ai été muté en province.

Ton cousin prenait un verre de vin à la Gare Saint-Lazare.

Il y a moins de main-d'œuvre au temps des foins.

E. Quelle voyelle ? Indiquez quelle voyelle vous entendez.

	/ã/	/õ/	/ɛ̃/
1.	_____	_____	_____
2.	_____	_____	_____
3.	_____	_____	_____
4.	_____	_____	_____
5.	_____	_____	_____
6.	_____	_____	_____
7.	_____	_____	_____
8.	_____	_____	_____

F. Voyelles orales / voyelles nasales. Écoutez et répétez les phrases et mots suivants.

quand-canne   l'ennui-la nuit   paysan-paysanne   l'an-l'âne

bon-bonne   patron-patronne   qu'on-comme   don-donne

vient-vienne   américain-américaine   canadien-canadienne   sain-saine   plein-pleine

Chapitre 8

Nom _____ Classe _____ Date _____

G. **Tout ensemble.** Écoutez et répétez les phrases et mots suivants.

Montréal, c'est loin. Il faut prévoir longtemps à l'avance.

Quelqu'un qu'elle avait rencontré pendant les vacances.

Et quand je pense qu'on était onze dans la famille.

C'est un moment important pour les habitants.

INTERACTION

AUTREMENT DIT

A. **Qu'est-ce qu'ils font dans la vie ?** Écoutez les descriptions et indiquez le genre de travail que font les personnes dont on parle.

> **Modèle :** Vous entendez : Jeanne est chanteuse.
> Vous dites : **Elle est dans les arts.**
> Vous vérifiez : **Elle est dans les arts.**

STRUCTURE I

Pour faire référence à un élément du discours déjà mentionné : les pronoms multiples

A. **À l'aéroport.** Répétez les phrases que vous entendrez en employant autant de pronoms que possible.

> **Modèle :** Vous entendez : Tu as mis ton billet dans mon sac ?
> Vous dites : **Oui, je l'y ai mis.**
> Vous vérifiez : **Oui, je l'y ai mis.**

STRUCTURE II

Pour parler de ce qui vous arrive : la voix passive

A. **Au musée.** Indiquez si les phrases que vous entendrez sont à la **voix active** ou **passive**.

1. **a.** voix active **b.** voix passive
2. **a.** voix active **b.** voix passive
3. **a.** voix active **b.** voix passive
4. **a.** voix active **b.** voix passive

Nom _____ Classe _____ Date _____

5. **a.** voix active   **b.** voix passive

6. **a.** voix active   **b.** voix passive

7. **a.** voix active   **b.** voix passive

STRUCTURE III

Pour faire faire quelque chose : le faire causatif

A. Qui le fait ? Indiquez si les personnes mentionnées font elles-mêmes les activités ou si elles les font faire par une autre personne.

1. **a.** elle-même   **b.** une autre personne
2. **a.** elle-même   **b.** une autre personne
3. **a.** elle-même   **b.** une autre personne
4. **a.** elle-même   **b.** une autre personne
5. **a.** elle-même   **b.** une autre personne
6. **a.** elle-même   **b.** une autre personne

STRUCTURE IV

Pour mettre en valeur un élément du discours : les pronoms disjoints

A. La culpabilité. Quand Mme et M. Muraour sont rentrés du cinéma, leur maison était tout en désordre. Ils demandent à Vanessa, leur fille aînée, qui en est responsable. Vanessa identifie les coupables (t*he guilty parties*). Jouez le rôle de Vanessa.

    Modèle :   Vous lisez :   (Arianne)
                    Vous entendez : Qui a cassé le vase ?
                    Vous dites :   **C'est elle qui a cassé le vase.**
                    Vous vérifiez : **C'est elle qui a cassé le vase.**

1. (les jumeaux)
2. (Arianne)
3. (Arianne et Martine)
4. (Arianne et moi)
5. (vous)

Chapitre 8

Nom _____ Classe _____ Date _____

Compréhension auditive

Avant l'écoute

A. Un peu d'histoire. Lisez le passage suivant pour vous renseigner sur le thème du texte sonore: l'histoire de l'extraction du charbon en France. Ensuite, remplissez la grille qui suit.

Du 24 au 27 avril 2004 3 jours de cérémonies ont lieu pour marquer la fin de l'extraction du charbon en France. Avec la fermeture de la mine de La Houve, aux confins[1] de la Moselle et de la Sarre en Allemagne, c'est la fin d'une histoire industrielle et ouvrière unique qui a duré quelque 150 ans. Cette mine est très prolifique: 100 millions de tonnes de charbon en sont retirés et La Houve détient toujours le record européen de la production. Quelque 200.000 salariés ont participé à l'extraction du charbon depuis son origine. En 1950, les Houillères du Bassin de Lorraine (HBL), au pic de la croissance, avaient un effectif de 42.000 personnes: des Polonais, des Italiens, des Maghrébins et des Français sont allés à la mine.

L'année 1984 marquera un tournant[2]: l'extraction n'est plus rentable.[3] Le prix de revient actuel pour une tonne de charbon lorrain s'élève à 150 euros, alors que celui de la tonne importée est de l'ordre de 50 euros. La Houve ne comptera plus que 2.105 employés en 1985. Aujourd'hui, il n'y a plus que 325 "gueules noires."

Date de l'origine de l'industrie charbonnière en France	
Année de la production maximale	
Nombre d'employés depuis l'origine de l'industrie	
Date à partir de laquelle la production du charbon n'enregistre plus de gains	
Durée de la production charbonnière en France	

---

[1] aux confins: at the confines (?)
[2] tournant: turning point
[3] rentable: profitable

Nom _____ Classe _____ Date _____

B. Anticipez. Le métier de mineur est dangereux. Dans ce texte, un mineur va évoquer des souvenirs pénibles de ses années dans la mine. Choisissez les mots de la liste suivante qui identifient quelques-uns de ces dangers.

1. • le manque d'oxygène
2. • des copains morts et blessés
3. • la déshydratation
4. • la surexcitation
5. • la pesanteur
6. • les catastrophes

Maintenant, écoutez le texte en faisant bien attention aux souvenirs du mineur. Avez-vous bien anticipé ses propos?

Après l'écoute

A. Vérifiez. Lesquels des dangers cités dans l'exercice précedant le mineur a-t-il mentionnés ?

B. Réfléchissez. Quels autres facteurs ont contribué au déclin de l'industrie charbonnière en France ? Quelle source d'énergie a remplacé la charbon ? Quels en sont les avantages / inconvénients ?

Vocabulaire utile : la pollution (de l'air); polluant / non-polluant; l'effet de serre; l'environnement; la rentabilité; une centrale électrique / nucléaire; les gaz.

Chapitre 8

CHAPITRE 9

Perspectives sur le passé
L'histoire et la mémoire

PRONONCIATION

Les semi-consonnes

There are three semi-consonants in French: /j/, /w/, and /ɥ/. They are related to the vowels /i/, /u/, and /y/; indeed, these three vowel sounds become semi-consonants when followed by another vowel, forming a single syllable.

/j/

The semi-consonant /j/ (called *jod* in French) is similar to the initial sound in *yes* or *year*. However, it is articulated with greater muscular tension.

Orthographe

The following written symbols are used to represent /j/:

i + vowel:	étud<u>ie</u>r, comb<u>ie</u>n[1]
y:	vo<u>y</u>ager, netto<u>y</u>er
vowel + il:	t-rav<u>ail</u> [travaj], bout<u>eille</u> [butɛj], seu<u>il</u> [sœj]
vowel + ill:	f<u>aill</u>ance [fajɑ̃s], appar<u>eill</u>er [apaRɛje], n<u>ouille</u> [nuj]
consonant + ill:	fam<u>ille</u> [famij]

/w/

The French /w/ (*oué* in French) is similar to the English sound in *water* and *wide*. Once again, the French sound has a tenser articulation.

---

[1] After a consonant cluster, i + vowel becomes i + jod + vowel: cendrier = sɑ̃dRije/

Nom _____ Classe _____ Date _____

Orthographe

/w/ is represented in the spelling system by:

ou + vowel:	L<u>ou</u>is, n<u>ouer</u>[2]
oi, oî:	v<u>oi</u>t, b<u>oî</u>te
oy (waj):	v<u>oy</u>age / vwaja[3]/
oin (wɛ̃):	s<u>oin</u> /swɛ̃/

/ɥ/

The semi-consonant /ɥ/ (called ué in French) usually occurs when /y/ precedes a vowel, and forms a single syllable with it. To pronounce /ɥ/, position your lips and tongue for the sound /y/. After pronouncing /y/, move quickly to the next vowel.

Orthographe

/ɥ/ is spelled:

u + vowel   sueur, tuer[3]

Conseils Pratiques

- Be sure to pronounce the semi-consonant instead of the corresponding vowel in the specified environment.

- Pronounce the semi-consonant with greater muscular tension than their near-equivalents in English.

- Pronounce -tion as /sj/, rather than with English "sh" sound.

Pratique

A. La semi-consonne /j/. Écoutez et répétez les phrases et mots suivants.

fille   marier   vieille   fiancé   ouvrier   famille   rien   prolétariat   millieu

Sa fille va se marier. Elle n'est pas si vieille que ça. Son fiancé est ouvrier. Sa famille n'a rien. Il vient du bas prolétariat, un milieu complètement différent.

---

[2]After a consonant cluster, /u/ + vowel does not form a semi-consonant: trouer = /tRue/
[3]After a consonant cluster, /y/ + vowel only forms a semi-consonant when followed by the sound /i/: fruit = /fRɥi/ but truand = /tRyɑ̃/.

Nom _____ Classe _____ Date _____

B. La semi-consonne /w/. Écoutez et répétez les phrases et mots suivants.

moyenne   bourgeoisie   patrimoine   doit   avoir   trois   moi   crois   droit   choisir   autrefois

Gaston n'est pas de la bourgeoisie ni de la classe moyenne. Il n'a pas de patrimoine. Il doit avoir trente-trois ans. Moi, je crois qu'on a le droit de choisir un époux, pas comme autrefois.

C. La semi-consonne /ɥ/. Écoutez et répétez les phrases et mots suivants.

suis   lui   ensuite   Suisse   depuis   huit   ennuyer   luxueux   présomptueux

Je suis sûr qu'elle va se marier avec lui. Ensuite, ils iront en Suisse. Ils se connaissent depuis huit jours. Ils vont s'ennuyer dans un hôtel luxueux. Tu es présomptueux.

D. Tout ensemble. Écoutez et répétez les trois premières strophes du poème *Paraboles* de Maurice Koné. Le texte de ce poème se trouve dans le Chapitre 10.

Je suis le fruit de l'Amour

Cueilli sur l'arbre du tourment.

J'ai pris forme

Sur la branche de la douleur.

Mon arbre a poussé sur la terre sèche

Des mauvaises saisons

Et toutes les pluies m'ont frappé

Et tous les vents m'ont secoué.

Entre les oranges

Je suis le citron

Fruit acidulé

Au milieu des épines.

INTERACTION

AUTREMENT DIT

A. Réactions. Écoutez les phrases et indiquez les réponses logiques.

1. **a.** J'ai de bons rapports avec eux.   **b.** C'est le monsieur à côté de la caisse.

2. **a.** Nous sommes très amis.   **b.** Tu n'aurais pas dû le lui dire.

Nom _____ Classe _____ Date _____

3. **a.** C'est qui ?   **b.** C'est comment ?

4. **a.** C'est qui ?   **b.** C'est comment ?

5. **a.** Je ne sais pas comment ça s'appelle.   **b.** C'est le jeune homme aux cheveux longs ?

B. Regrets. Écoutez les phrases et indiquez la réponse logique.

1. **a.** Je n'oublierai jamais.   **b.** La vie est dure.

2. **a.** C'est dommage que tu sois arrivé en retard.   **b.** Malheureusement, on n'a pas toujours ce qu'on veut dans la vie.

3. **a.** Bah, c'est normal.   **b.** Je n'oublierai jamais.

4. **a.** Je suis désolé(e).   **b.** Je regrette ma jeunesse.

5. **a.** C'est vraiment bête de ne rien dire.   **b.** Bah, c'est normal.

STRUCTURE I

Pour exprimer les conditions irréelles : le conditionnel passé

A. C'est possible ? Écoutez les phrases et indiquez si on parle d'une possibilité (**au conditionnel**) ou d'une chose qui ne s'est pas passée (**au passé du conditionnel**).

1. **a.** conditionnel   **b.** passé du conditionnel
2. **a.** conditionnel   **b.** passé du conditionnel
3. **a.** conditionnel   **b.** passé du conditionnel
4. **a.** conditionnel   **b.** passé du conditionnel
5. **a.** conditionnel   **b.** passé du conditionnel
6. **a.** conditionnel   **b.** passé du conditionnel

STRUCTURE II

Pour faire référence à quelqu'un ou à quelque chose : les pronoms démonstratifs

A. Lequel ? Vous travaillez dans un magasin. Votre client vous demande de voir des produits. Vous lui demandez lesquels, en employant une forme de *celui-ci* et de *celui-là*.

Nom _____ Classe _____ Date _____

	Modèle :	Vous entendez :	Je voudrais voir cette lampe.
		Vous dites :	**Celle-ci ou celle-là ?**
		Vous vérifiez :	**Celle-ci ou celle-là ?**

STRUCTURE III

Pour exprimer l'antériorité : le passé du subjonctif

A. Une catastrophe. Vous avez organisé une fête, mais elle a très mal tourné. Écoutez ce qui c'est passé et exprimez vos regrets en employant le **passé du subjonctif**.

	Modèle :	Vous lisez :	(je regrette)
		Vous entendez :	Marc est arrivé en retard.
		Vous dites :	**Je regrette que Marc soit arrivé en retard.**
		Vous vérifiez :	**Je regrette que Marc soit arrivé en retard.**

1. (je suis désolé)
2. (c'est triste)
3. (je regrette)
4. (c'est dommage)
5. (je regrette)

STRUCTURE IV

Pour exprimer le doute ou l'incertitude : le subjonctif après les antécédents indéfinis

A. Le réel ou l'idéal ? Indiquez si on parle de la réalité ou d'une possibilité.

1. **a.** la réalité **b.** une possibilité
2. **a.** la réalité **b.** une possibilité
3. **a.** la réalité **b.** une possibilité
4. **a.** la réalité **b.** une possibilité
5. **a.** la réalité **b.** une possibilité

Chapitre 9

Nom _____ Classe _____ Date _____

Compréhension auditive

Avant l'écoute

A. Le contexte. Le 6 juin 2005, le président Jacques Chirac prononce un discours dans le cimetière américain à Colville, face à Omaha Beach, site du débarquement des troupes américaines et de la bataille de Normandie. Dans son discours, Chirac va remercier les Américains de leur sacrifice pendant la libération de la France. Avant d'écouter le texte sonore, réfléchissez aux questions suivantes.

1. À quels moments historiques les Français se sont-ils alliés avec le gouvernement américain ?

2. Quel était l'ennemi commun des Français et des Américains en Europe ?

3. La France et les États-Unis partagent certaines valeurs et principes politiques. Lesquelles ? Choisissez parmi les mots dans la liste suivante.

   - la démocratie
   - les droits de l'individu
   - un gouvernement parlementaire
   - la liberté de l'expression
   - une histoire révolutionaire
   - la justice

B. Mots apparentés ou faux amis. Lisez les phrases suivante et indiquez si les mots en italique sont des mots apparentés ou des faux amis. Utilisez le contexte pour vous guider dans votre choix.

1. ... ces hommes qui consentirent au sacrifice suprême pour libérer notre *sol* ...

2. ... pour libérer notre sol du *joug* de la barbarie Nazie et de sa folie meurtrière

3. ... l'Amérique et la France ont en commun ces valeurs humanistes qui fondent leur *destin* ...

4. ... dans la fraternité du sang *versé* ...

5. ... la *dette* sans égale de nos démocraties ...

6. ... dans la souffrance de ces *conflits* mondiaux ...

Nom _____ Classe _____ Date _____

Après l'écoute

A. Vrai ou faux ? Indiquez si les phrases suivantes sont vraies ou fausses.

	Vrai	Faux
L'Amérique est l'ami de toujours de la France.	☐	☐
La France a expulsé les Allemands de son territoire juste avant l'arrivée des troupes américaines.	☐	☐
L'Amérique et la France ont défendu ensemble certains idéaux humanistes.	☐	☐
La France a aidé l'Amérique pendant la révolution américaine.	☐	☐
Depuis 200 ans, la France et l'Amérique se rivalisent pour faire avancer leurs principes politiques.	☐	☐

B. Dictée guidée. Écoutez le texte et remplissez les blancs avec les mots que vous entendez.

Depuis plus de 200 ans, l'Amérique et la France ont en commun ces valeurs humanistes qui fondent leur destin. Nos deux nations ont toujours eu la même passion de la _____[1] et du droit, de la justice et de la _____[2]. Des plaines de Yorktown aux _____[3] de Normandie, dans la souffrance de ces conflits mondiaux qui ont déchiré le siècle écoulé, nos deux _____[4], nos deux peuples ont défendu côte à côte, dans la fraternité du sang versé, une certaine idée de _____[5], une certaine idée du monde.

Chapitre 9

CHAPITRE 10

L'avenir de la France dans l'Europe
Frontières ouvertes

PRONONCIATION

La consonne /l/

In French, the /l/ sound is pronounced with the tip of the tongue behind the upper teeth. This is in contrast to English, where we have several different /l/ sounds. Compare the sounds in the words *feel, ladle,* and *leaf.* The last variety (the "light" l) comes closest to the French variety.

Orthographe

This sound is represented in the spelling system by either *l* or *ll:* seul, belle. Note that in some cases, *ill* may represent /j/: fille = /fij/.

Les consonnes /p/, /t/, /k/

At the beginning of a word, these consonants are pronounced <u>without</u> the puff of air that accompanies their pronunciation in English. To get a feel for these sounds, pronounce a series of English words that begin with the sounds *sp, st,* and *sk.* Then, move quickly to a French word beginning with /p/, /t/, and /k/. In this way, you will be producing sounds with little air accompanying them. Practice with these pairs: spear-*pire;* store-*tort;* ski-*qui.*

In final position, these consonants are pronounced fully and released clearly, unlike their English counterparts, which tend to be "swallowed."

Orthographe

/p/ is usually spelled *p* or *pp:* père, appeler. Note that the written *p* is silent in such words as *sep̸ t, comp̸ ter,* and *sculp̸ ter.*

/t/ is usually spelled *t, tt,* or *th:* tente; attendre; théâtre. In some words, the final *-t* is pronounced: *sept, huit* (in isolation and in *liaison*), *est* ("east"), *ouest.*

/k/ may be spelled:

c (except before *i, e, y*): case, scolaire

cc (except before *i, e*):   accommoder

cc = /ks/ before *i, e:*   accident

Chapitre 10 237

Nom _____ Classe _____ Date _____

k, ck: <u>k</u>ilomètre, ti<u>ck</u>et

x = /ks/ in some environments: ta<u>x</u>i, e<u>x</u>traordinaire

---
Conseils Pratiques

- Be sure to fully release consonants in final position; otherwise, comprehension may be impaired.

Pratique

A. La consonne /l/. Écoutez et répétez les phrases et mots suivants.

ville   Antilles   les   illuminés   capable   la   violence   il   colonialisme   Guadeloupe   plus   Gaulois   mentalité   Blancs

Les villes aux Antilles sont prospères. Les illuminés sont capables de beaucoup de choses. Je ne suis pas pour la violence, mais il y a une ambiance de colonialisme en Guadeloupe. On ne nous enseigne plus « nos ancêtres, les Gaulois », mais on veut nous donner une mentalité de Blancs.

B. La consonnes /p/, /t/, /k/. Écoutez et répétez les phrases et mots suivants.

optimiste   pessimiste   débattent   pour   contre   européenne   pourront   point   politique   pouvoir   défaitiste   te   dis   pour   demain   tu   commences   par   politique   tort

Un optimiste et un pessimiste débattent le pour et le contre de l'Union européenne.

Pourront-ils jamais réconcilier leurs points de vue ? Une seule politique ? Un seul pouvoir ? Tu es défaitiste.

Je ne te dis pas que ce sera pour demain. Mais tu commences par l'union politique ! Tu as tort !

INTERACTION

AUTREMENT DIT

A. L'Union européenne. Révisez la lecture sur l'U.E., puis indiquez si les phrases que vous entendrez sont vraies ou fausses.

1. **a.** vrai **b.** faux
2. **a.** vrai **b.** faux
3. **a.** vrai **b.** faux
4. **a.** vrai **b.** faux

Nom _____ Classe _____ Date _____

B. Exprimez-vous. Écoutez les phrases et indiquez le sentiment exprimé.

1. **a.** surprise **b.** bonne humeur **c.** mauvaise humeur **d.** colère
2. **a.** surprise **b.** bonne humeur **c.** mauvaise humeur **d.** colère
3. **a.** surprise **b.** bonne humeur **c.** mauvaise humeur **d.** colère
4. **a.** surprise **b.** bonne humeur **c.** mauvaise humeur **d.** colère
5. **a.** surprise **b.** bonne humeur **c.** mauvaise humeur **d.** colère
6. **a.** surprise **b.** bonne humeur **c.** mauvaise humeur **d.** colère

STRUCTURE I

Pour exprimer les rapports de temps et de cause : la forme verbale après les conjonctions

A. Publicités. Écoutez ces bouts de textes publicitaires, et choisissez la suite logique.

1. **a.** sans nous consulter !
   b. sans que vous nous consultiez !
2. **a.** afin que vous aimiez ces taches d'herbe et de chocolat !
   b. à moins que vous n'aimiez ces taches d'herbe et de chocolat !
3. **a.** après avoir consulté votre dentiste !
   b. afin de consulter votre dentiste !
4. **a.** avant qu'il ne soit trop tard !
   b. après qu'il sera trop tard !
5. **a.** à condition qu'ils grandissent.
   b. jusqu'à ce qu'ils grandissent.
6. **a.** afin de les conserver toute votre vie !
   b. bien que vous les conserviez toute votre vie.

Chapitre 10

Nom _____ Classe _____ Date _____

STRUCTURE II

Pour situer dans le temps : les prépositions de temps

A. Habitudes. Écoutez les phrases et indiquez si l'action se passe habituellement ou une seule fois.

1. **a.** action habituelle **b.** une seule fois
2. **a.** action habituelle **b.** une seule fois
3. **a.** action habituelle **b.** une seule fois
4. **a.** action habituelle **b.** une seule fois
5. **a.** action habituelle **b.** une seule fois

STRUCTURE III

Pour rapporter le discours de quelqu'un : le discours indirect

A. Potins-cancans. Écoutez les histoires et répétez-les en employant le **discours indirect**. Mettez le verbe au passé et faire les changements nécessaires.

Modèle :   Vous entendez :   Rachel va quitter son travail.
           Vous dites :   **On a dit que Rachel allait quitter son travail.**
           Vous vérifiez :   **On a dit que Rachel allait quitter son travail.**

STRUCTURE IV

Pour narrer : récapitulation des temps du verbe

A. Passé ou futur ? Indiquez si on parle de ce qui s'est déjà passé, de ce qui va arriver ou de ce qui pourrait arriver sous certaines conditions.

1. **a.** s'est déjà passé **b.** va arriver **c.** pourrait arriver
2. **a.** s'est déjà passé **b.** va arriver **c.** pourrait arriver
3. **a.** s'est déjà passé **b.** va arriver **c.** pourrait arriver
4. **a.** s'est déjà passé **b.** va arriver **c.** pourrait arriver
5. **a.** s'est déjà passé **b.** va arriver **c.** pourrait arriver
6. **a.** s'est déjà passé **b.** va arriver **c.** pourrait arriver

Nom _____ Classe _____ Date _____

Compréhension auditive

Le Référendum sur la Constitution Européenne

Avant l'écoute

A. **Les résultats.** Le 29 mai 2005, les Français ont voté contre le projet de Constitution européenne dans un référendum national. 45,13% des Français ont voté **oui** et 54,87% ont voté non. Cette Constitution avait pour but de prolonger et clarifier les nombreux traités européens précédents. Cependant, elle comprenait des changements institutionnels relativement substantiels qui auraient éloigné l'Union européenne d'une simple organisation de coopération économique. Qu'est-ce que les poucentages indiquent sur l'attitude des Français envers l'Union européenne ? (Une grande / petite majorité des Français. . . .; les Français sont d'opinion partagée. . . .; la volonté des Français est très claire au sujet de. . . .; etc.)

B. **Prédictions.** Vous allez entendre Stéphane Rozès, directeur de CSA Opinion, faire une analyse des résultats du référendum. Selon vous, quelles pourraient être les raisons pour rejeter la Constitution européenne. Choisissez parmi les possibilités suivantes :

- les problèmes de chômage en France
- la peur de perdre l'identité nationale
- la longueur et complexité du texte de la Constitution
- le manque de confiance dans le gouvernement actuel de la France
- la perte de la liberté
- la perte des protections sociales

C. **Interprétations.** Voici quelques extraits du texte que vous allez écouter. Quel est le sens des mots en italique dans chaque phrase ? Choisissez la meilleure interprétation.

1. (. . .) la France étant quand même *l'un des pays moteurs* de la construction européenne
    - La France est un pays qui fabrique beaucoup des voitures européennes.
    - La France a joué un rôle important dans la création de l'Europe.
    - Les Français aiment les moteurs.

2. (. . .) le sondage *sorti des urnes* pour France Info, réalisé par CSA, le montre bien : il y a eu sans doute deux éléments.
    - Le sondage a interrogé les personnes qui venaient de voter.
    - Le sondage a interrogé les personnes qui sortaient de chez eux.
    - Le sondage a interrogé les personnes qui voyageaient.

Chapitre 10

Nom _____ Classe _____ Date _____

3. (. . .) très certainement, la question sociale *a pesé*

- La question sociale est perdue.
- La question sociale n'a pas été importante.
- La question sociale a eu une grande influence.

4. (. . .) au pire, que l'Europe à vingt-cinq était *un relais de la mondialisation*

- L'Europe avec 25 pays refuse la mondialisation.
- L'Europe avec 25 pays est en faveur de la mondialisation.
- L'Europe avec 25 pays est une étape vers la mondialisation.

Après l'écoute

A. Les raisons. Après avoir écouté le texte une première fois, vérifiez vos prédictions. Quelles sont les raisons données par Stéphane Rozès pour le rejet de la Constitution ? Cochez les raisons que vous avez entendues.

- les problèmes de chômage en France
- la peur de perdre l'identité nationale
- le manque de confiance dans le gouvernement actuel de la France
- la perte de la liberté
- la perte des protections sociales

B. « Pour les Français, finalement, les gouvernements, justifiant ces dernières années des mesures impopulaires souvent au nom de l'Europe ou de Bruxelles se sont dit qu'au mieux, l'Europe n'avait pas préservé notre pays de politiques économiques et sociales, de la montée du chômage; au pire, que l'Europe à vingt-cinq était un relais de la mondialisation et non pas une promesse d'une Europe-puissance. »

D'après l'extrait ci-dessus et vos connaissances générales sur l'Union européenne et la France, qu'est-ce que les Français voudraient voir dans une Constitution européenne ?

Cahier d'exercices
ANSWER KEY

CHAPITRE 1

Au seuil de la culture
L'enfant et la famille

INTERACTION

AUTREMENT DIT

A. **Conversations.** Answers may vary but may include the following:

1. GILLES   Ça va ? / Comment ça va ?
   TOM   et toi ?
   GILLES   Très bien merci. / Ça va bien, merci.
2. DIANE   Très heureuse / enchantée / de vous connaître.
3. GENEVIÈVE   Il faut que je me dépêche / que je m'en aille / que je coure.
   CHRISTINE   Je suis en retard / J'ai rendez-vous.
   GENEVIÈVE   Au revoir. / Salut !
4. LES ENFANTS   Bonne nuit
5. M. CHAMBERT   Non, je n'ai pas le plaisir.
   MME STEIN   je vous présente / permettez-moi de vous présenter
   MLLE MITRAND   Enchantée
   M. CHAMBERT   Très heureux de faire votre connaissance

B. **Les rapports familiaux.**
1. (ton) cousin
2. (ta) belle-sœur
3. (ta) tante
4. (ta) nièce ou (ton) neveu
5. Elle est enceinte.

C. **Ma famille.** Answers will vary.

D. **Toujours la famille.** Answers 1–3 will vary.
   4. Le médecin est la mère du garçon.
   5. Philippe a rencontré son fils.

E. **Les bonnes manières.** Answers will vary.

F. **À table.**
   1. Est-ce que tu peux me passer la moutarde ? *or*
      Est-ce que tu pourrais me passer la moutarde ? *or*
      Passe-moi la moutarde, s'il te plaît.
   2. Est-ce que vous pourriez me passer le sucre ? *or*
      Est-ce que vous pouvez me passer le sucre ? *or*
      Passez-moi le sucre, s'il te plaît.
   3. Oui, avec plaisir. C'est délicieux. *or*
      Volontiers, c'est très bon. *or*
      S'il vous plaît. Je veux bien. C'est excellent.
   4. Non, merci. Je n'ai vraiment plus faim.
   5. Vous voulez boire quelque chose ? *or*
      Qu'est-ce que vous voulez boire ?
   6. Sers-toi. *or*
      Encore un peu de _____ ?
   7. Servez-vous. *or*
      Vous prenez encore un peu de _____ ?

G. **Rien ne va plus.** Answers will vary but may include the following:

Nous ne pouvons pas aller danser avec vous parce que nous avons faim. Mon ami(e) a soif. Il (elle) a sommeil. Il (elle) en a assez d'entendre parler français ! Je suis désolé(e) et j'ai honte de mon ami(e).

GRAMMAIRE DE BASE

Les verbes au présent; la négation; comment poser une question

A. **Rencontre.**

acheter, aller, attendre, avoir, choisir, descendre, faire, rendre, répondre, réussir, vendre
   1. rends
   2. a
   3. choisit
   4. vas *or* descends
   5. (j')ai / fait

6. fait
7. as / l'attends
8. vas / descends
9. (J')attends / répond / achetons / vendons
10. vous réussissez

B. Un enfant terrible [1]. The interrogative structures may vary.
1. Guy, tu ranges ta chambre ?
2. Est-ce que tu finis ton sandwich ?
3. Fais-tu tes devoirs ?
4. Est-ce que tu fais de la bicyclette dans le salon ?

C. Un enfant terrible [2].
1. Guy ne range jamais sa chambre.
2. Il ne fait rien.
3. Il ne se lave ni les mains ni le visage.
4. Il ne dit merci à personne.
5. Il ne répond pas quand on l'appelle.

STRUCTURE I

Pour poser une question : les pronoms interrogatifs

A. Le vin des Blanchard n'est pas bon.
1. Qui dîne chez les Blanchard ?
2. Qu'est-ce que Mme Blanchard offre à Tom ?
3. Qu'est-ce que c'est ?
4. Qui demande du vin ?
5. Qu'est-ce qu'il cherche ?
6. Qu'est-ce qui n'est pas bon ?

B. Interview. Answers will vary.

C. C'est à vous. Answers will vary.

STRUCTURE II

Pour conseiller : l'impératif

A. L'insomnie.
1. Ne mangez pas
2. Ne travaillez pas
3. Ne buvez pas
4. Ne prenez pas
5. Soyez
6. Faites
7. Sachez
8. N'ayez pas

B. Entre amies.
1. Ne mange pas
2. Ne travaille pas
3. Ne bois pas
4. Ne prends pas
5. Sois
6. Fais
7. Sache
8. N'aies pas

C. Conseils. Answers will vary.

GRAMMAIRE DE BASE

Les verbes irréguliers : *vouloir, pouvoir, sortir, venir, connaître*

A. À table.
1. veux / viens / peux
2. connaissez / connais
3. viennent / mens
4. disparaissent / tiens

B. Politesse.
1. Peux-tu me passer les épinards ?
2. Je veux sortir avec des amis ce soir.
3. Pourriez-vous me faire de la monnaie ?
4. Voudriez-vous venir dîner chez nous ?

STRUCTURE III

Pour exprimer le rapport entre deux actions : le participe présent

A. Comment élever les enfants.
1. Les adolescents français obtiennent leur indépendance **en obéissant aux règles quand ils sont petits**.
2. Les enfants français se préparent au rôle d'adulte **en imitant des modèles**.
3. Les enfants américains apprennent **en faisant des expériences**.
4. C'est **en sachant retenir l'attention** que l'enfant français se fait écouter.
5. Tout **en ayant beaucoup de liberté**, l'adolescent français continue à vivre chez ses parents.
6. Les adolescents américains manifestent leur indépendance **en quittant la maison**.

B. À vous. Answers will vary but may include the following:
1. Je fais mes devoirs **en écoutant la radio**.
2. Mon père ne mange jamais **en regardant la télé**.
3. Mes neveux dorment **en écoutant une histoire**.
4. J'ai un cousin qui chante e**n prenant sa douche**.
5. Pour ma mère, il est plus agréable de faire la vaisselle **en parlant avec quelqu'un**.
6. Ma sœur lit un magazine **en prenant son petit déjeuner**.

C. Interview. Answers will vary.

STRUCTURE IV

Pour exprimer la continuation d'une action : le temps présent et depuis

A. Que le temps passe vite !
1. Elles vont au lycée depuis deux ans.
2. Elle est veuve depuis 1992 (the year will vary).
3. Elle est divorcée depuis mars (the month will vary).
4. Ils ont des petits enfants depuis trois ans.
5. L'aîné est fiancé depuis Noël.
6. Elle est mariée depuis six mois.

B. Interview. Answers will vary.

C. Les colonies de vacances (*summer camps*). Answers will vary but may include the following:

Questions pour Philippe :
Depuis combien de temps est-ce que tu fais de la planche à voile ?

Questions pour Claire :
Depuis quand habites-tu à Lyon ?

Questions pour Omar :
Depuis combien de temps est-ce que tu n'es pas venu en colonie ?

CHAPITRE 2

Passage vers la communication
Perspectives interculturelles

INTERACTION

AUTREMENT DIT

A. Un repas raffiné.
1. douteux
2. simple
3. bien cuits
4. saignante
5. assaisonnée
6. (servie) tiède
7. lourds
8. renvoyer
9. mal au cœur
10. une tisane

B. En général. Answers will vary.

C. Comparez. Answers will vary.

D. Contrastes. Answers will vary.

E. Stéréotypes. Answers will vary.

GRAMMAIRE DE BASE

Le pluriel; l'article défini; les expressions de quantité; les verbes *boire* et *prendre*

A. Un seul ne suffit pas.
1. Certaines familles ont **deux animaux domestiques**.
2. Les Cyclopes de la mythologie ont **un œil**.

3. Les enfants mangent **trois repas** par jour.
4. Si on est gourmand, on prend **quatre ou cinq gâteaux** comme dessert.
5. Dans la cathédrale, il y a **plusieurs vitraux** à voir.

B. **Après les courses.**

J'ai acheté **le** veau, **le** vinaigre, **l'**huile d'olive, **le** poivre, **les** tomates, **le** beurre . . . Zut ! J'ai oublié **les** champignons !

C. **Quelle quantité ?**
1. Il a y **beaucoup / tellement de** choses à faire pour préparer le repas.
2. Heureusement que j'ai invité **très peu de** monde.
3. Il faut aller au marché et acheter **beaucoup / assez / un kilo de** légumes pour la soupe.
4. Il faut aussi **un kilo de** viande.
5. Chez l'épicier, il faut prendre **un litre de** vin et **deux litres d'**eau minérale.
6. J'espère avoir **assez de** temps pour tout faire.

D. **Les habitudes culinaires.**
1. Chez nous, ma mère achète beaucoup de fruits et de légumes.
2. Nous mangeons une salade tous les jours.
3. Ma sœur préfère les fruits.
4. Moi, je paie plus pour des produits bio.
5. Quand ma mère nous appelle à table, mes frères se jettent sur les plats parce qu'ils ont toujours très faim.

E. **Et au Maroc ?**
1. prend
2. boit
3. boivent
4. prenons
5. prennent
6. bois
7. prendre

STRUCTURE I

Pour parler des quantités indéfinies : l'emploi de l'article indéfini et du partitif

A. **Une liste de provisions.**

des œufs	250 grammes **de** champignons
500 grammes **de** sucre	**des** pommes

du veau	**du** beurre
de la crème	**des** tomates
de l'huile d'olive	**du** poivre
du vinaigre	**du** sel

B. Des repas de fêtes. Answers will vary.

STRUCTURE II

Désigner et généraliser : l'emploi de l'article défini

A. Un voyage gastronomique.
1. la
2. une
3. des
4. des
5. des
6. de la
7. de
8. un
9. un
10. le
11. l'
12. les
13. le
14. la
15. une/de la
16. du
17. de
18. une
19. les
20. le
21. un
22. un
23. le
24. les

B. Sondage. Answers will vary.

Chapitre 2

ÉTUDE DE VOCABULAIRE

A. Pas grand-chose.
1. Je n'ai mangé que du pain américain.
2. Je n'ai bu que du coca.
3. Je ne suis allé(e) qu'à Macdo.
4. Je n'ai essayé que du couscous.

GRAMMAIRE DE BASE

Forme et comparatif / superlatif des adjectifs

A. Bien assortis.
1. belle / beau / beaux
2. mystérieuse / mystérieux
3. gros
4. intelligente
5. bon / bonnes

B. Chauvinisme et ethnocentrisme. Answers may vary but may contain the following:
1. Les Américains sont plus matérialistes que les Français. Ils sont les plus matérialistes du monde.
2. Les Français sont plus intellectuels que les Américains. Ils sont les plus intellectuels du monde.
3. Les Américains sont plus travailleurs que les Français. Ils sont les plus travailleurs du monde.
4. Les Américains sont meilleurs en technologie que les Français. Ils sont les meilleurs du monde.
5. Les Français sont moins efficaces que les Américains. Ils sont les moins efficaces du monde.
6. Les Français sont plus rigides que les Américains. Ils sont les plus rigides du monde.

STRUCTURE III

Pour décrire : la forme des adjectifs

A. Au café.
1. grosse (grande) / blanche
2. dernière
3. publique
4. bleu clair
5. snob

B. Interview. Answers will vary.

STRUCTURE IV

Pour décrire : la forme et la position des adjectifs

A. Mon patron.
1. un vieux patron incompétent
2. une jolie jeune femme blonde
3. beaucoup de questions ridicules
4. ses qualités intellectuelles
5. une grande intelligence / une beauté exceptionnelle
6. une intelligence négligeable / un mauvais caractère

B. Descriptions.
1. homme pauvre
2. pauvre homme
3. homme seul
4. ancienne amie
5. prochain train
6. chemise propre
7. même chose
8. semaine dernière
9. grand succès
10. chère amie

C. Autoportrait. Answers will vary.

CHAPITRE 3

Accès à la formation de l'esprit
L'enseignement

INTERACTION

AUTREMENT DIT

A. **Une conversation.** Answers will vary.

B. **Une conseillère académique.** Answers will vary but may contain the following:
   1. Vous devez assister à des conférences et faire des expériences en laboratoire. Vous devez passer des examens difficiles.
   2. Vous allez faire beaucoup de communications et d'exposés oraux. Vous allez aussi écrire des mémoires.
   3. Vous allez faire beaucoup de lecture et assister à des conférences. Vous devez apprendre beaucoup par cœur.
   4. Vous allez étudier la gestion et le marketing. Vous allez faire des présentations et écrire des devoirs.

C. **Oh, la bureaucratie !**
   1. les formalités
   2. les formulaires
   3. me faire prendre une photo
   4. la paperasserie
   5. j'étais pressé(e)
   6. les règlements

D. **Réagissez !** Answers may vary and may include the following:
   1. C'est scandaleux ! / C'est insupportable !
   2. Ce n'est pas vrai !
   3. C'est incroyable !
   4. C'est inadmissible !
   5. Ce n'est pas croyable !
   6. Vous ne pourriez pas vous dépêcher ?

GRAMMAIRE DE BASE

Les verbes irréguliers; la formation du passé composé; la négation dans les temps composés

   A. **La vie d'étudiant.**
   1. (t')écris
   2. dit
   3. ils
   4. mets
   5. (j')écris
   6. reçois
   7. écris
   8. dire

   B. **L'école primaire.**
   1. dit
   2. mettons
   3. mettent
   4. reçoivent
   5. lisent
   6. nous mettons / l'institutrice lit
   7. nous écrivons

   C. **Il ne faut pas sécher le cours !**
   1. Valérie est restée / elle a écouté
   2. Nathalie a lu / elle a fait
   3. François est allé / il a acheté
   4. Mes amis sont venus / nous sommes sortis / nous ne sommes pas allés
   5. Nous avons voulu / nous avons pris / qui est arrivé

STRUCTURE I

Pour narrer au passé : l'emploi du passé composé

   A. **Il n'y a pas longtemps . . .** Answers will vary but should include the following:
   1. J'ai commencé mes études il y a _____
   2. J'ai rendu un devoir il y a _____
   3. J'ai écris un mémoire il y a _____
   4. J'ai séché un cours il y a _____

Chapitre 3

5. Je suis allé(e) à une conférence il y a _____
6. J'ai reçu une bonne note il y a _____
7. J'ai assisté à un cours ennuyeux il y a _____

B. Une journée atroce.
1. Madeleine a passé
2. qui lui est arrivé
3. elle a perdu
4. elle les a cherchées
5. elle les a trouvées
6. elle a sorti
7. elle est arrivée
8. elle n'a pas pu
9. elle est entrée
10. elle a essayé
11. elle a monté
12. elle est arrivée
13. elle a cherché
14. un ami l'a vue
15. et lui a fait signe
16. le professeur lui a dit
17. Elle a ouvert
18. elle a pris
19. elle a passé
20. elle est sortie
21. elle a laissé
22. elle est rentrée
23. Madeleine n'a pas pu

C. Une réunion avec la prof.
1. Je n'ai rien compris.
2. Personne ne m'a aidé à étudier.
3. Je n'ai demandé de l'aide à personne.
4. Je n'ai jamais fait les devoirs.
5. Je n'ai travaillé ni sur le mémoire ni sur l'exposé oral.
6. Je n'ai pas encore fini le devoir pour demain.

D. Le coup de téléphone hebdomadaire. Answers will vary.

STRUCTURE II

Pour narrer au passé : le plus-que-parfait

A. Excuses.
1. Martin n'a pas fait ses devoirs ce week-end parce qu'il les avait déjà faits jeudi.
2. Je n'ai pas regardé mes notes pour l'examen d'histoire parce que je les avais déjà lues mille fois.
3. Anne n'a pas téléphoné à ses parents ce week-end parce qu'elle leur avait téléphoné la semaine dernière.
4. Je n'ai pas offert de faire la vaisselle parce que j'avais passé tout l'après-midi à écrire un memoire.
5. Élise n'a pas reconnu Gilles parce qu'elle ne l'avait pas vu avant.
6. Vous n'avez pas réussi à l'examen lundi matin parce que vous n'aviez pas bossé la veille.
7. Elle n'est pas descendue répondre au téléphone parce qu'elle était déjà descendue trois fois ce matin-là.

B. Les causes et les conséquences. Answers may vary but may include the following:
1. Micheline a écrit un mauvais mémoire parce qu'**elle n'avait pas fait assez de recherches.**
2. Nous sommes arrivés en retard en classe parce que **nous avions oublié le numéro de la salle de classe.**
3. J'ai bien réussi à mon examen oral parce que **j'avais assez revisé pour l'examen.**
4. Bernard et Charles ont reçu le premier prix en chimie parce qu'**ils connaissaient les formules sur le bout des doigts.**
5. Le professeur s'est fâché parce que **je / nous n'avais / avions pas lu les explications dans le chapitre.**

C. Le premier jour de classe.
1. je suis sortie
2. je n'avais pas mis
3. je suis arrivée
4. j'ai vu
5. la classe était déjà rentrée
6. la prof de français avait commencé
7. je suis allée
8. je suis entrée
9. les autres élèves avaient déjà choisi
10. j'ai pris
11. elle a rappelé
12. elle n'a pas dit
13. J'ai supposé

14. elle avait mentionné
15. je n'ai rien dit
16. les autres sont partis
17. j'ai demandé
18. elle est devenue
19. elle avait oublié

GRAMMAIRE DE BASE

Les verbes *croire, devoir, savoir* et *suivre*

A. La musique ou les sciences ?
1. tu sais
2. j'ai dû
3. je suis
4. tu ne crois pas
5. je dois
6. nous devons

B. Une petite enquête. Answers will vary.

C. Une jeunesse particulière ?

Béatrice (1) sait

elle (2) connaît

Ses amis (3) savent

Béatrice (4) sait / saura

elle (5) connaît

elle (6) sait

elle (7) connaît

elle (8) sait

D. Probabilité ou nécessité ?
1. P
2. N
3. N
4. P
5. N

STRUCTURE III

Pour lier les éléments de la phrase : verbe + infinitif

A. Pourquoi tout remettre au lendemain ?
1. ø
2. à
3. ø
4. à
5. de
6. de
7. d'
8. ø
9. ø
10. de
11. de
12. ø
13. à
14. de
15. ø
16. de
17. de

B. Interview. Answers will vary.

STRUCTURE IV

Pour poser une question : l'adjectif interrogatif quel *et le pronom interrogatif* lequel

A. Interrogatoire. Answers will vary but the following are possible examples:
1. Quels cours suis-tu ?
2. Quel sport préfères-tu ?

B. Par-ci, par-là.
1. Lesquels ?
2. Laquelle ?
3. Lesquels ?
4. Lesquelles ?

CHAPITRE 4

Perspectives sur l'exil
L'immigration et l'assimilation

INTERACTION

AUTREMENT DIT

A. **Raison ou tort ?** Answers will vary but may include:
1. Ce n'est pas vrai.
2. Je ne suis pas d'accord.
3. Je crois que vous vous trompez.
4. C'est exact.
5. Je n'en suis pas convaincu(e).
6. Je pense que vous avez raison/tort.

B. **Et vous ?** Answers will vary.

C. **Un jeu de devinette.**
1. Le Viêt-Nam
2. Le Maroc
3. L'Espagne
4. La Côte d'Ivoire

D. **Interview.** Answers may vary but should be close to the following:
1. Je cherche un appartement.
2. un appartement épouvantable, affreux, scandaleux !
3. louer
4. acheter
5. acheter
6. chambre
7. quatre (ou cinq) pièces

8. cuisine
9. salle de séjour
10. salle de séjour
11. spacieux / clair / propre
12. chauffé
13. charges
14. comprises
15. penderies
16. placards

E. Chez moi. Answers will vary.

ÉTUDE DE VOCABULAIRE

A. Une journée dans la vie d'une immigrée.
1. sors
2. quitté
3. parti
4. laissé
5. laissée
6. parti
7. sortant
8. quitter
9. sortir

GRAMMAIRE DE BASE

Verbe + préposition

A. Conseils.
1. d'
2. sur
3. ø
4. ø
5. ø, à
6. à
7. de
8. avec

STRUCTURE I

Pour faire référence à un élément du discours déjà mentionné : les compléments d'objet direct et indirect

A. Qu'est-ce que je dois faire ?
1. Vous devez le remplir.
2. Oui, vous devez lui montrer votre carte d'identité. *or*
   Oui, vous devez la montrer à ce monsieur.
3. Non, nous ne les avons pas encore reçus.
4. Oui, donnez-moi les extraits de naissance de vos enfants.
5. Non, ne la dérangez pas.
6. Allez les chercher.
7. Vous allez la recevoir dans un ou deux mois.
8. Non, ne l'annoncez pas encore, *or*
   Non, vous ne pouvez pas l'annoncer encore.

B. L'interrogatoire.
1. je lui ai parlé
2. il m'a dit
3. je les avais
4. je ne dois rien leur demander
5. te voir
6. je l'ai donnée

STRUCTURE II

Pour faire référence à un élément du discours déjà mentionné : les pronoms y *et* en; *les pronoms toniques après les prépositions*

A. Tu n'as pas oublié ?
1. Oui, j'y suis bien arrivé.
2. Non, je n'ai pas voyagé avec eux.
3. Non, je n'en ai pas trouvé.
4. Oui, j'habite avec eux.
5. Oui bien sûr, je leur ai parlé de toi.
6. Non, je n'en ai pas besoin.
7. Oui, je vais y obéir.
8. Eh, oui j'y pense.
9. Mais si, je pense à elle (à toi) constamment.
10. Oui, je veux rendre ma famille fière de moi.

B. Les étudiants et la politique. Answers will vary.

GRAMMAIRE DE BASE

L'imparfait et les adjectifs possessifs

A. Des excuses.
1. j'étais / j'avais / j'essayais
2. Les Benchekroun mangeaient
3. Nous nagions et jouions
4. Robert faisait
5. Rachid allait
6. Marie achetait
7. Halima nettoyait

B. Possessions.
1. leurs
2. son
3. sa
4. leur
5. ses
6. nos / notre
7. mes

STRUCTURE III

Pour décrire au passé : l'imparfait

A. Les temps ont changé.
1. le village n'avait pas
2. Mon frère et moi nous ne parlions pas
3. Je travaillais / Je commençais / je finissais
4. Les gens du village ne nous comprenaient pas / Ils ne voulaient pas
5. Tu vivais / j'étais
6. Je dépensais / je faisais
7. Mon frère et moi habitions
8. il pleuvait / c'était

B. L'enfance. Answers will vary.

C. La maison de mon enfance. Answers will vary.

STRUCTURE IV

Pour exprimer la possession : les pronoms possessifs

A. Des comparaisons.
1. le mien
2. la leur / la mienne
3. les miens / les tiens
4. la vôtre / la nôtre
5. le sien

CHAPITRE 5

Révélations audiovisuelles
Les médias et les valeurs

INTERACTION

AUTREMENT DIT

A. **Une invitation.** Answers may vary but should be close to the following.

LE JEUNE HOMME	Madeleine, **tu es libre ce soir** ?
LE JEUNE FEMME	Oui, pourquoi ?
LE JEUNE HOMME	**Tu veux aller au cinéma ? / Ça te dirait d'aller au cinéma ?**
LE JEUNE FEMME	Je ne sais pas. Ça dépend du film . . .
LE JEUNE HOMME	Quelle sorte de film est-ce que tu aimes ?
LE JEUNE FEMME	**Answers will vary.**
LE JEUNE HOMME	Je crois qu'on passe un film de . . . **Answers will vary.**
LE JEUNE FEMME	Oh oui, **je veux bien / c'est une bonne idée / d'accord**.
LE JEUNE HOMME	Et après le film, **si on allait** au nouveau restaurant vietnamien ?
LE JEUNE FEMME	**Je regrette mais je ne peux pas** parce que je suis au régime, et puis je dois me lever tôt demain matin. Peut-être une autre fois.
LE JEUNE HOMME	Bon, alors on se retrouve ici à huit heures ce soir ?
LE JEUNE FEMME	D'accord, à ce soir !

B. **Les films.** Answers will vary.

C. **Profil d'un mélomane** (*a music lover*). Answers may vary but may include the following:
1. Moi, je suis **amateur** de toutes sortes de musique.
2. Mais je trouve que **la musique classique / romantique / mélodramatique, etc.,** c'est de la musique pour les vieux.
3. Dans la musique **classique**, Chopin est mon **compositeur** préféré.
4. . . . est un chanteur / une chanteuse célèbre qui est sexy mais sans talent.
5. . . . ne sait même pas chanter.
6. La musique ? J'aime . . . et . . . mais je n'apprécie pas trop . . . parce que . . .

GRAMMAIRE DE BASE

Les verbes *mettre, ouvrir, et tenir* + composés; les expressions temporelles; les adverbes

A. **Un navet.**
1. Mon copain Nourredine m'avait promis
2. je n'ai pas retenu
3. une jeune femme a commis
4. l'admettre
5. le commissaire découvre
6. elle l'ouvre
7. elle maintient
8. le commissaire obtient
9. appartiennent les bijoux

B. **Pas de chance !**
1. D'habitude
2. la semaine dernière
3. Alors
4. Ensuite
5. Enfin
6. À la fin

C. **Une recommandation.**
1. Il (leur) répond poliment.
2. Il (les) écoute patiemment.
3. Il travaille sérieusement.
4. Il étudie constamment.

D. **Comparaison.**
1. François parle anglais mieux que moi.
2. Martin ne travaille pas aussi diligemment que lui.
3. Les autres étudiants écoutent moins attentivement que lui.
4. Il écrit plus soigneusement que tous les autres.

STRUCTURE I

Pour narrer au passé : les temps du passé (suite / résumé)

A. Une vedette dans notre ville !
1. Mon fils Philippe et moi, nous allions au supermarché quand il a commencé à pleuvoir.
2. À la caisse, je cherchais mon argent quand mon fils a cassé une bouteille de lait.
3. Je rougissais et faisais mes excuses à la caissière quand une vedette est entrée dans le magasin.
4. Je faisais semblant de ne pas la remarquer quand elle m'a dit: « il est mignon, votre enfant. »
5. Elle était dans notre ville depuis trois semaines quand elle a finalement osé faire ses courses.
6. Nous parlions comme de vieilles amies quand j'ai remarqué qu'il était presque l'heure du dîner.
7. J'essayais de l'inviter à dîner chez nous quand elle a disparu.

B. Circonstances. Answers will vary.

C. Un souvenir de vacances.
1. C'était
2. je me trouvais
3. Martine m'avait recommandé
4. je suis allée
5. qui était
6. j'ai vu
7. je lui ai parlé
8. Je lui ai dit
9. j'aimais
10. je ne pouvais pas
11. c'était
12. il a répondu
13. il préférait
14. il en profitait

D. Un classique du cinéma français.
1. j'ai vu
2. c'était
3. personne ne parlait
4. tous les acteurs chantaient
5. l'histoire se passait
6. il pleuvait
7. c'était

8. il y avait
9. qui habitaient
10. Guy avait
11. travaillait
12. qui n'avait que
13. Geneviève aidait
14. la mère de Geneviève ne voulait pas
15. Guy a reçu
16. qui annonçait
17. Geneviève et Guy ont passé
18. Geneviève a promis
19. Guy est parti
20. Geneviève a découvert
21. elle attendait
22. sa mère l'a persuadée
23. elle avait rencontré
24. Guy est rentré
25. il a appris
26. Geneviève avait épousé
27. était partie
28. Guy a épousé
29. a ouvert
30. Geneviève est entrée
31. Guy a dit
32. était

STRUCTURE II

Pour narrer : les adverbes

A. Bien manger pour mieux vivre.
1. Composez intelligemment vos menus quotidiens.
2. Les personnes qui mangent vite ont souvent mal au cœur.
3. Choisissez soigneusement les aliments qui font parti d'un régime équilibré.
4. Vous pouvez manger avec confiance tous les légumes que vous aimez.
5. Le taux du cancer du colon est très élevé chez les individus qui mangent quotidiennement de la viande rouge.
6. Si vous vous dépensez physiquement, prenez des aliments riches en hydrates de carbone.
7. Ce n'est pas une bonne idée de manger énormément avant de se coucher.
8. C'est une bonne idée de prendre du lait partiellement ou entièrement écrémé.

B. **Interview.** Answers will vary.

C. **Il était une fois.** Answers will vary.

GRAMMAIRE DE BASE

La conjugaison des verbes pronominaux; la forme et la fonction des pronoms interrogatifs

A. **La routine quotidienne.**
   1. Les enfants se couchent / ils se lèvent
   2. les adultes se dépêchent
   3. Mon mari se rase / je me brosse
   4. Les enfants s'habillent
   5. je me sens

B. **Allez les enfants !** Answers may vary but may include the following:
   1. Couchez-vous !
   2. Dépêchez-vous !
   3. Ne vous endormez pas !
   4. Rase-toi !
   5. Brosse-toi les dents rapidement.

C. **Encore des questions !**
   1. Qu'est-ce que
   2. Qui est-ce que
   3. qui est-ce qui
   4. Qu'est-ce qui

STRUCTURE III

Pour narrer au présent : les verbes pronominaux

A. **Le départ.**
   1. Sara **va**
   2. Elle **s'en va** ?
   3. je **me doute**
   4. Ils **s'entendent** / ils **se mettent à douter**
   5. **va-t-elle se débrouiller** / Elle va **s'ennuyer**
   6. Elle va **mettre**

B. **Chez un conseiller matrimonial.**

1.	CONSEILLER	Vous **vous entendez** mal depuis combien de temps ?
2.	SARAH	Nous **nous disputons** à propos de tout et de rien depuis le début du mariage.
3.	THIERRY	Elle pense que je la **trompe** !
4.	SARAH	Ce n'est pas vrai ! Mais tu travailles très tard et je **m'inquiète** pour toi, c'est tout. Tu pourrais téléphoner.
5.	THIERRY	Je ne supporte pas les courants d'air. Je ne peux pas **m'endormir** les fenêtres ouvertes.
6.	SARAH	Ce n'est pas tout. Je **m'ennuie** le week-end.
7.	THIERRY	Moi, j'aime **me détendre** une fois à la maison. Dès qu'elle rentre du travail elle veut **s'en aller**, elle veut sortir avec des amis. Qu'est-ce qu'on peut faire ?
8.	CONSEILLER	Il faut accepter vos différences sans souligner les erreurs de votre partenaire. Si vous pensez que vous allez vous ressembler parfaitement, vous **vous trompez**.

C. **Interview.** Answers will vary.

STRUCTURE IV

Pour poser une question : les pronoms interrogatifs

A. **Quelle mauvaise mémoire !**

JEAN-PHILIPPE	**À quoi penses-tu ?**
MARIELLE	Je pensais <u>à la première fois que nous avons vu *La Guerre des étoiles*</u>.
JEAN-PHILIPPE	**Avec qui est-ce que nous avons vu ce film ?**
MARIELLE	Tu ne te rappelles pas ? Nous avons vu le premier film <u>avec Micheline et Gérard</u>.
JEAN-PHILIPPE	Ah oui, c'est vrai ! **Chez qui sommes-nous allés après le film ?**
MARIELLE	Après le film, nous sommes allés <u>chez eux</u> prendre un petit café.
JEAN-PHILIPPE	**Qui étaient les héros du premier film ?**
MARIELLE	<u>Luke Skywalker et la princesse Léa</u> étaient le héros et l'héroïne du premier film.
JEAN-PHILIPPE	**De quoi avaient-ils besoin ?**
MARIELLE	Ils avaient besoin <u>d'aide contre les méchants.</u>
JEAN-PHILIPPE	Et Hans Solo, **pour qui travaillait-il ?**
MARIELLE	Hans Solo travaillait <u>pour lui-même</u>, je crois.
JEAN-PHILIPPE	**Qui était Darth Vader ?**
MARIELLE	Darth Vader était <u>le père de Luke Skywalker</u> mais on ne le savait pas dans le premier film. Décidément, tu as une très mauvaise mémoire ! Heureusement que nous allons revoir ces films !

B. **Journaliste pour un jour.** Answers will vary.

CHAPITRE 6

Comment peut-on être français ?
Clés de l'identité

INTERACTION

AUTREMENT DIT

A. **Parlons des valeurs.** Answers may vary but might include the following:

Individu	Communauté
l'ambition	la sécurité nationale
le bonheur	la responsabilité

B. **Une opinion sur tout.** Answers may vary but may include the following:
1. Je doute que vous ayez raison.
2. Je ne suis pas sûr(e).
3. Peut-être que vous avez raison.
4. Il est possible que vous ayez raison mais j'en doute.
5. Peut-être avez-vous raison.
6. Je n'en suis pas certain(e).

C. **Réactions.** Answers may vary.

MARGUERITE	Alors, qu'est-ce que tu penses d'un séjour en Tunisie ?
JEAN-CLAUDE	Tu plaisantes ? Avec toute la violence qu'il y a dans les pays musulmans en ce moment ! C'est trop dangereux !
MARGUERITE	Mais non. **Je ne plaisante pas / C'est sérieux !**
	Il y a des problèmes en Algérie mais pas en Tunisie. La Tunisie, c'est très beau. Il y aura plein de soleil et de belles plages. Et puis, ce n'est pas très loin du Midi où nous allons passer quelque temps dans ta famille de toute façon. .
JEAN-CLAUDE	**C'est inutile d'insister / Ce n'est pas la peine d'insister.**

MARGUERITE		Mais, Jean-Claude, **je t'assure** que ce n'est pas dangereux ! Pourquoi tu t'obstines ? Il y a beaucoup de choses à voir en Tunisie. Ce pays a eu une histoire très riche. Il y a même des ruines romaines.
JEAN-Claude		**Quand je dis non, c'est non / jamais de la vie !**
MARGUERITE		Et, on pourra gôuter toutes les spécialités maghrébines et manger du couscous, des merguez, des grillades de moutons . . . J'en ai l'eau à la bouche rien que d'y penser !
JEAN		**Pouah !** Toutes ces sauces piquantes ! Et puis la viande de mouton, **c'est écœurant / dégoûtant / ça me dégoûte !**
MARGUERITE		Je t'en prie, Jean-Claude. Pour me faire plaisir !
JEAN		**Non, non et non !**
MARGUERITE		Dans ce cas, je refuse de passer mes vacances avec toi! Je trouverai quelqu'un d'autre qui a l'esprit d'aventure comme moi !

STRUCTURE I

Pour relier deux propositions : les pronoms relatifs

A. Gauchers ou Gauchistes ?
1. dont
2. qui
3. lesquels
4. dont
5. Ce qui
6. Ce que
7. dont
8. ce que
9. laquelle

B. Une discussion animée.
1. Ce qui
2. qui
3. ce que
4. qui / pour qui
5. lequel
6. dont
7. que
8. auxquelles

C. La politique. Answers will vary.

STRUCTURE II

L'emploi de c'est *et de* il/elle est

A. France, Amérique ou ailleurs ?
1. C'est / Il est
   Il est américain. *or* C'est un Américain.
2. C'est / Elle est
   Elle est américaine. *or* C'est une Américaine.
3. C'est
   Il est anglais. *or* C'est un Anglais.
4. C'est
   Il est américain. *or* C'est un Américain.
5. Ce sont / Ils sont
   Ils sont égyptiens.
6. C'est / Elle est
   Elle est française.
7. C'est
   Il est français.
8. C'est / Elle est
   Elle est française.

B. À mon avis. Answers will vary.

C. D'autres opinions. Answers will vary.

GRAMMAIRE DE BASE

Le futur; le présent du conditionnel

A. Le rêve d'Ariane.

j'aurai

je ferai

je voudrai

je resterai

Je sortirai

nous jouerons

nous nous amuserons

On ira

Benoît, me parlera

Maman et papa n'auront pas

ils seront

Chapitre 6

B. Si seulement !
1. Le président resterait
2. Les Québécois obtiendraient
3. Les Africains mettraient
4. Le candidat à la présidence gagnerait
5. Moi, je ferais
6. Est-ce que tu prendrais
7. Nous pourrions
8. Est-ce que vous auriez

C. Des conseils et des recommandations. Answers will vary.

STRUCTURE III

Pour parler du futur : le futur et le futur antérieur

A. Les rapports interculturels.
1. Vous serez / vous aurez réfléchi
2. tu seras rentré / nous discuterons / tu auras vues
3. Ils nous téléphoneront / ils seront rentrés
4. Vous saurez / vous aurez entendu

B. Prédictions. Answers will vary.

C. Encore des prédictions. Answers will vary.

STRUCTURE IV

Pour parler du temps : les prépositions pour, pendant, dans, en + expression temporelle

A. Une réunion de syndicat des étudiants.
1. dans
2. en / en
3. pendant
4. pendant
5. pour
6. Pendant

B. Interview. Answers will vary.

STRUCTURE V

Pour parler des conditions potentielles : les phrases avec si

A. Rivalité fraternelle.
1. Si mon frère **étudiait** régulièrement il recevrait de meilleures notes.
2. Mes parents pensaient que s'il y avait un micro-ordinateur à la maison, ça **l'aiderait** à travailler.
3. Ben! Si, moi, je leur **demandais** de m'offrir un cadeau si cher, ils se moqueraient de moi.
4. Quand ils m'ont dit qu'ils avaient décidé de lui en acheter un j'ai répondu: « Et si je dévalise une banque, vous **m'offrirez** une voiture ? »
5. Si seulement ils **comprenaient** mon sens de l'humour !
6. Si tu as des difficultés avec tes études, **parles-en** à mes parents !

B. Des hypothèses continues. Answers will vary.

C. Des hypothèses plus personnelles. Answers will vary.

CHAPITRE 7

Regard sur la société
La diversité culturelle de la France

INTERACTION

AUTREMENT DIT

A. **Réactions.** Answers may vary but may include the following:
1. Il me semble que c'est vrai.
   Qu'est-e que tu en penses ?
2. C'est sûr.
   Quel est ton avis ?
3. Je ne suis pas très convaincu(e).
   Tu trouves que c'est possible ?
4. Je suis tout à fait d'accord.
   Qu'est-ce que tu penses de ce raisonnement ?
5. C'est bien possible.
   Qu'est-ce que tu penses de cette question ?
6. Exactement.
   Tu trouves que c'est vrai ?

B. **Dans la rue à Bruxelles.** Answers may vary but should include some of the following:
1. **Le touriste :** Pardon, Monsieur, pourriez-vous m'indiquer où se trouve la Grand-Place ?
2. Answers will vary.
3. Answers will vary.
4. **Le Bruxellois :** Vous plaisantez ?

GRAMMAIRE DE BASE

La formation de subjonctif des verbes réguliers et irréguliers

A. **Conseils aux enfants.**
1. que tu **parles**
2. que tu **mentes**

3. que vous **connaissiez**
4. que tu **finisses**
5. que je te **dise**
6. que nous **écrivions**

B. Conseils à un pays bilingue.
1. Il est important que les deux groupes se parlent honnêtement.
2. Il faut qu'ils partagent la responsabilité de rétablir la paix.
3. Vous, il faut absolument que vous vous rendiez compte des besoins de l'autre groupe !
4. Quant à vous, il vaudrait mieux que vous acceptiez certaines conditions.
5. Je ne crois pas que ça plaise à un groupe d'être dominé par l'autre.
6. Je souhaite que nous établissions un comité de négociation.

C. Conseils aux voyageurs à Québec.
1. que je lui **fasse savoir**
2. que vous **voyiez**
3. que vous **vouliez**
4. que vous **ayez**
5. que tu **prennes**
6. que tu ne **m'envoies** pas

D. Projets.
1. que nous **sachions**
2. que François **vienne**
3. que Mathilde **puisse**
4. que nous **allions**
5. qu'on y **aille**
6. que nous **fassions** / que nous **soyons**

STRUCTURE I

Pour exprimer un point de vue : l'infinitif et le présent du subjonctif après les expressions impersonnelles

A. Une discussion animée.
1. Il est certain que les Canadiens anglophones et les Américains ont beaucoup de caractéristiques en commun.
2. Il faudrait que vous considériez ce que les autres groupes linguistiques veulent.
3. Il se peut que nous refusions d'utiliser l'anglais.

4. Il vaut mieux que les politiciens lisent les journaux pour voir ce que les gens pensent de cette situation.
5. Il est important de noter les arguments des deux côtés de la question linguistique.
6. Il est évident que vous êtes confronté à un grand problème en ce moment.
7. Il est bon d'échanger des idées pour finir par se comprendre.

B. **À mon avis.** Answers will vary.

STRUCTURE II

Pour narrer au passé : les temps composés des verbes pronominaux

A. **Le premier jour d'école.**
1. je **me suis réveillée**
2. Je **me suis lavée** / je **me suis habillée**
3. L'autobus **s'est arrêté**
4. Nous **nous sommes assis**
5. nous **nous sommes séparés**
6. La maîtresse **s'est mise**
7. la maîtresse **s'est rendu compte** / elle **s'est grattée**
8. elle **s'est fâchée**
9. il **s'était disputé** / qui **s'était moqué**
10. Nous **nous sommes embrassés** / nous nous sommes parlés
11. la directrice **s'est décidée**
12. Nous **nous sommes souvent réconfortés**

B. **Interview.** Answers will vary.

C. **Interview (suite).** Answers will vary.

STRUCTURE III

Pour exprimer la volonté et la préférence : la phrase verbale après les expressions de volonté et de préférence

A. **Projets de vacances.**
1. Je préférerais ne pas prendre l'avion.
2. J'aimerais mieux que nous prenions le train.
3. Je ne veux pas dépenser trop d'argent dans une grande ville.
4. Je souhaite que ma fille apprenne quelque chose sur la culture et la langue basque.
5. Je suis contente que vous puissiez m'aider à prendre une décision.

6. Je voudrais que nous trouvions le village idéal dans ces brochures.

B. Vos exigences. Answers will vary.

STRUCTURE IV

Pour exprimer l'émotion et le doute : la forme verbale après les expressions d'émotion, de doute et de peur

A. Être Cajun.
1. de vous **recevoir**
2. que mes petits-enfants **n'oublient**
3. que tous mes enfants **apprennent**
4. qu' . . . ils **ne font pas**
5. que les écoles **aient**
6. que les enfants de mes amis **ne veuillent pas**
7. que mes descendants **continueront**
8. que le gouvernement de l'état **établisse**
9. que nous, les Cajuns, **ne restions**
10. que personne n(e) **fait**

B. Un long séjour. Answers will vary.

C. Des réactions. Answers will vary.

D. Quelle bonne surprise ! Answers will vary.

STRUCTURE V

Pour repérer : les prépositions avec les noms géographiques

A. Géographie.
1. **de** Tokyo
2. **de** Norvège
3. **au** Canada
4. **à** Portland
5. **en** Asie
6. **aux** États-Unis
7. **au** Wisconsin
8. **en** Californie

9. l'Europe
10. **de** Roumanie
11. **l'**Allemagne
12. **l'**Italie
13. ø Londres
14. ø Paris
15. **en** Alsace
16. **en** Provence
17. **au** Mexique
18. **à** Douala
19. **au** Cameroun

B. **Interview.** Answers will vary.

CHAPITRE 8

Le travail et les loisirs
Entrées dans le monde du travail

INTERACTION

AUTREMENT DIT

A. **Une rencontre.**
1. Qu'est-ce que vous faites dans la vie ?
2. chômeuse / au chômage
3. Oh là là ! / Ce n'est pas drôle ! / Vous n'avez pas de chance !
4. allocations de chômage
5. joindre les deux bouts !
6. informaticiens / programmeurs
7. Le pauvre !
8. service du personnel
9. curriculum vitae !
10. une interview

B. **Les emplois.** Answers will vary.

GRAMMAIRE DE BASE

Résumé de l'emploi des pronoms

A. **Patrick le curieux.**
1. Est-ce qu'ils en prennent beaucoup ?
2. Est-ce qu'ils les aiment ?
3. Est-ce qu'on y a trouvé des géants ?
4. Est-ce que tu vas vivre avec nous quand nous serons grands ?
5. Est-ce que je peux lui donner ma soupe ?
6. Est-ce que je peux y dormir ?
7. Est-ce que tu l'as acheté ?

B. Maman répond.

1. Oui, ils en prennent beaucoup.
2. Non, ils ne les aiment pas.
3. Non, on n'y a pas trouvé de géants.
4. Non, je ne vais pas vivre avec vous.
5. Non, tu ne peux pas lui donner ta soupe.
6. Non, tu ne peux pas y dormir.
7. Oui, je l'ai acheté.

C. Être ou ne pas être.

1. je suis
   j'ai été
   Bertrand n'est pas
2. nous étions (imparfait)
   Bertrand était
3. nous avions été
   le maillot de Bertrand était
4. je serais
   que je sois
   je suis
5. ce sera
   Nous serons
   il sera
   j'aurais été

D. Vive la différence.

1. Micheline court
   Bertrand conduit
2. ils ont produit
   Micheline a
   Bertrand a traduit
3. Micheline courrait
4. il traduira

STRUCTURE I

Pour faire référence à un élément du discours déjà mentionné : les pronoms multiples

A. Qu'est-ce que tu dis ?
1. Tu voudrais y en chercher un ?
2. Tu vas lui en parler ?
3. Tu me l'as apporté ?
4. Tu la leur as écrit ?
5. Je me le rappelle.
6. Il va nous les montrer ?
7. Ton mari s'y intéresse ?
8. Nous allons y en chercher un ?
9. Je n'y en ai pas réservé ?

B. Le déménagement.
1. Oui, mets-la !
2. Non, ne les leur donnons pas !
3. Oui, penses-y !
4. Non, ne la lui vends pas !
5. Oui, décris-le-moi !

C. Les gens sont curieux ! Answers will vary.

STRUCTURE II

La voix passive

A. Pauvre Laurette !
1. D'abord elle a été mutée dans une grande ville.
2. Un appartement a été loué par son bureau pour elle.
3. Ses meubles ont été déménagés aux frais de l'entreprise pour laquelle elle travaille.
4. Une voiture a été achetée pour elle.
5. Malheureusement son appartement a été cambriolé.
6. Sa télévision, son magnétoscope et son ordinateur ont été volés.
7. Elle a été tramatisée par cette expérience parce qu'elle n'aime plus la grande ville.
8. Elle est très admirée de ses collègues et de son patron pour son travail.
9. Mais son traumatisme est perçu par tous.
10. Ses meubles seront renvoyés chez ses parents et son appartement sera loué à quelqu'un d'autre.
11. Bien sûr Laurette sera tenue responsable pour les frais de déménagement.

B. Pauvre Laurette (bis) !

1. D'abord, on l'a mutée dans une grande ville.
2. Son bureau a loué un appartement pour elle.
3. On a déménagé ses meubles aux frais de l'enterprise.
4. On lui a acheté une voiture.
5. Malheureusement on a cambriolé son appartement.
6. On a volé sa télévision, son magnétoscope et son ordinateur.
7. Cette expérience l'a traumatisée.
8. Ses collègues et son patron l'admire beaucoup pour son travail.
9. Mais tous perçoivent son traumatisme.
10. On renverra ses meubles chez ses parents et on louera son appartement à quelqu'un d'autre.
11. Bien sûr, on tiendra Laurette responsable pour les frais de déménagement.

C. Parlons plus élégamment !

1. On parle espagnol et français aux États-Unis. / L'espagnol et le français se parlent aux États-Unis.
2. Les montagnes se couvrent de neige tous les hivers.
3. Les portes du musées s'ouvrent à 9h tous les jours sauf le dimanche.
4. En France on mange les radis avec du beurre. / Les radis se mangent avec du beurre.
5. On arrose les champs tous les jours en été.

STRUCTURE III

Pour faire faire quelque chose : le faire causatif

A. Exigences.

1. Le professeur fait lire un poème à ses étudiants.
2. Anne fait faire son lit à sa petite sœur.
3. Ma mère fait faire la vaisselle à sa femme de ménage.
4. Ma patronne fait taper des lettres à son assistant(e).

B. Souhaits. Answers will vary.

C. Faisons connaissance. Answers will vary.

STRUCTURE IV

Pour mettre en valeur un élément du discours : les pronoms disjoints

A. Ah, la vie à la campagne !

1. Moi / toi
2. eux

3. elle
4. elle
5. toi

B. Servir la communauté.
1. C'est lui qui a organisé cette réunion.
2. Elle est à elle.
3. Oui, nous allons parler d'eux.
4. Non, nous n'allons pas nous occuper d'elle.
5. Oui, nous allons penser à eux.
6. Oui, je vais travailler avec elles.
7. Non, nous n'avons pas besoin d'eux.
8. Nous allons payer nous-mêmes.

CHAPITRE 9

Perspectives sur le passé
L'histoire et la mémoire

INTERACTION

AUTREMENT DIT

A. **Qui est-ce ?** Answers may vary but should include some of the following:
   1. Dis
   2. connais
   3. il est comment ?
   4. Answers will vary.
   5. c'est qui
   6. la femme / la dame
   7. celle
   8. qui est-ce ?
   9. C'est sa petite amie

B. **Qu'est-ce que c'est ?** Answers will vary.

C. **Interview.** Answers will vary.

D. **Reproches.** Answers will vary.

E. **Souvenirs.** Answers may vary but might include the following:
   1. J'ai de très bons souvenirs
   2. Tu te souviens
   3. Je ne suis pas certaine des détails
   4. je me rappelle
   5. Je n'oublierai jamais
   6. Tu m'as dit
   7. une fois

F. **Une dose de philosophie.** Answers will vary but may include the following:
   1. C'est comme ça la vie !
   2. C'est vraiment dommage que tu n'aies pas poursuivi tes études.
   3. Malheureusement, on n'a pas toujours ce qu'on veut dans la vie.

ÉTUDE DE VOCABULAIRE

Le verbe *devoir*

A. **Dette, probabilité, regret ou obligation ?**
   1. b
   2. c
   3. d
   4. d
   5. b
   6. a

B. **Une lettre.** Answers will vary.

GRAMMAIRE DE BASE

Les phrases avec *si* et la conjugaison du verbe *devoir*

A. **Projets d'avenir.**
   1. nous **pourrons**
   2. nous **faisons**
   3. Nous **nous amuserions**
   4. nous **irons**

B. **Rêveries.** Answers will vary.

C. **Une soirée inoubliable.**
   1. j'**ai dû**
   2. Amina **devait** / elle **avait dû**
   3. il **doit**
   4. Nous **devrions**
   5. J'**aurais dû**

STRUCTURE I

Pour exprimer les conditions irréelles : le conditionnel passé

A. Un mariage raté.
1. Si je **m'étais mariée** / je **n'aurais pas eu**
2. nous **avions fait** / nous **n'aurions pas dû**
3. j'**avais écouté** / je **n'aurais pas épousé**
4. Nous **nous serions mieux amusés** / nous **avions eu**
5. j'**avais su** / j'**aurais rompu**

B. C'est à vous. Answers will vary.

STRUCTURE II

Pour faire référence à quelqu'un ou à quelque chose : les pronoms démonstratifs

A. L'orgueil national.
1. ceux
2. ceux
3. celui
4. celles
5. celle

B. Oreille indiscrète.
1. e
2. d
3. a
4. c
5. b

C. Comparaisons. Answers will vary but may include the following:
1. Les films de Hollywood sont aussi bons que ceux de France.
2. L'attitude envers le travail en France est plus détendue / moins rigide que celle des États-Unis.
3. Les bâtiments de Paris sont plus anciens que ceux de ma ville.
4. Le système d'éducation en France est meilleur que celui des États-Unis.
5. Les conflits linguistiques du Canada sont pires que ceux des pays africains.

STRUCTURE III

Pour exprimer l'antériorité : le passé du subjonctif

A. Regrets ou non ?
1. Je suis heureuse que toute ma famille soit venue en France ensemble.
2. Je ne suis pas sûre que nous ayons vraiment abandonné notre patrie.
3. Je regrette de ne pas avoir apporté tous les beaux tapis que nous avions chez nous.
4. J'ai peur que Khadija n'ait pas toujours reçu une éducation algérienne.
5. Je suis surprise que ses parents n'aient pas obligé Khadija à apprendre l'arabe.
6. Aujourd'hui mes sœurs sont désolées d'être restées à Oran.
7. Et quelquefois, je suis triste d'avoir quitté l'Algérie.

B. Evaluation. Answers will vary.

STRUCTURES IV ET V

Pour exprimer le doute ou l'incertitude : le subjonctif après les antécédents indéfinis
Pour exprimer une opinion : le subjonctif dans les propositions relatives

A. Possibilités et réalités. Answers will vary.

B. Des opinions absolues. Answers will vary.

CHAPITRE 10

L'avenir de la France dans l'Europe
Frontières ouvertes

INTERACTION

AUTREMENT DIT

A. **L'U.E.** Answers will vary but should include some of the following:
 1. La proximité géographique, des évolutions économiques, politiques, sociales et démographiques semblables. Tous les pays membres sont des démocraties.
 2. Ils ne se sentent pas impliqués à titre personnel. Les jeunes sont mieux disposés à l'égard d'une Europe renforcée.
 3. Sur les plans économique, politique et militaire.
 4. Answers will vary.
 5. Answers will vary.

B. **Situations.** Answers will vary.

C. **La Guadeloupe.** Answers may vary but should include some of the following:
 1. Ça ne va pas du tout. Je suis déprimée.
 2. Ça m'étonne ! Ça me surprend !
 3. Ça alors ! Je ne l'aurais jamais cru ! Tu n'as pas honte !

ÉTUDE DE VOCABULAIRE

A. **Retour au pays.**
 1. rentrer / retourner
 2. je reviendrai
 3. rendre
 4. retourner / rentrer
 5. rentrer

GRAMMAIRE DE BASE

Les expressions temporelles

A. Projets de vacances.
1. depuis
2. en
3. pour / pendant
4. dans

B. Un nouvel appartement.
1. sur
2. devant
3. au-dessus
4. en face du sofa.
5. à côté de

STRUCTURE I

Pour exprimer les rapports de temps et de cause : la forme verbale après les conjonctions

A. La Belgique.
1. Avant que Belgique ne devienne un état, les Wallons et les Flamands étaient déjà en conflit.
2. Les conflits ont continué jusqu'à ce que l'état belge se transforme en fédération.
3. À moins que les trois communautés ne s'entendent l'état central pourrait se désintégrer.
4. Sans véritable unité linguistique et culturelle, la Belgique aura du mal à se définir.
5. Après avoir décentralisé les institutions gouvernementales il y a quelques années, les dirigeants ont dû créer deux niveaux d'organisation.
6. Bien que les identités culturelles soient mieux préservées et respectées, des inégalités économiques subsistent toujours entre les trois régions.

B. C'est à vous. Answers will vary.

STRUCTURE II

Pour situer dans le temps : les prépositions de temps

A. L'Europe.
1. Vers / avant
2. à partir de
3. à

B. **Le bon vieux temps.**
 1. Dans
 2. du
 3. ø
 4. le
 5. À

C. **Interview.** Answers will vary.

STRUCTURE III

Pour rapporter le discours de quelqu'un : le discours indirect

A. **Une rencontre inattendue.**
 1. Elle m'a dit qu'elle venait d'acheter une chemise pour Thierry.
 2. Elle m'a dit qu'elle avait décidé de rentrer chez elle . . .
 3. quand soudain, il était entré dans la boutique !
 4. Elle m'a dit qu'il portait des lunettes de soleil . . . mais qu'elle l'avait reconnu !
 5. Elle m'a dit qu'elle serait partie tout de suite . . .
 6. . . . Mais qu'il lui avait demandé son opinion sur une chemise qu'il regardait !
 7. Elle m'a dit qu'elle lui avait demandé son autographe . . .
 8. Elle m'a dit de bien l'écouter
 9. et qu'il la lui avait refusé !
 10. Elle m'a dit qu'elle n'irait jamais plus voir les films de cet égoïste !

B. **Marie-José et Nathalie.** Answers will vary.

C. **Discours rapportés.** Answers will vary.

STRUCTURE IV

Pour narrer : récapitulation des temps du verbe

A. **Les bienfaits de la lecture.**
 1. j'**étais** / mon père me **lisait**
 2. je **m'endorme** / je **faisais**
 3. j'**avais** / j'**adore**
 4. mon père **n'avait pas pris** / je **n'aurais jamais écrit**
 5. je **lis** / je **serai** / j'**aurai**

B. *Le Petit chaperon rouge (Little Red Riding Hood).*
1. qui **portait** / tout le monde l'**appelait**
2. la mère lui **a donné** / qui **était**
3. Le petit chaperon rouge **n'était jamais allée** / elle en **était**
4. elle **se promenait** / le petit chaperon rouge **a rencontré**
5. Bien que sa mère lui **ait dit** / le petit chaperon rouge **a répondu**
6. Elle lui **a dit** / elle **allait**
7. elle **est arrivée** / elle **ne savait pas** / le loup **avait déjà mangé** / il **s'était caché**
8. Le petit chaperon rouge **aurait dû**
9. j'**étais** / j'**aurais** / j'**hésiterais**
10. je **comprends**

C. L'histoire d'une vie.
1. Je **suis née**
2. Ma mère **était** / qui l'**avait épousé**
3. mon père **n'avait pas**
4. Je **passais** / je **rêvais** / je **pourrais**
5. mon père **est mort** / les portes **se sont ouvertes**
6. qui **était devenu** / [il] **m'a donné**
7. j'**ai rencontré**.
8. j'**ai su** / cet homme **serait**
9. j'**ai parlé** / il **m'a demandé** / je **connaissais**
10. ma famille **a pu**
11. qui **m'a amenée**
12. La vie en France **n'a pas toujours été** (**n'est pas toujours**) / nous **avons eu** / qui **n'accepte pas**
13. Les Français **ne comprennent pas**
14. Quelquefois je **me fais**
15. Je **me demande** / vous **savez** (vous **saurez**)
16. **sera** votre avenir
17. je **serai morte** / vous **direz**

Cahier de laboratoire
ANSWER KEY

CHAPITRE 1

Au seuil de la culture
L'enfant et la famille

INTERACTION

AUTREMENT DIT

A. Formel ou familier ?
1. à la mère d'un ami
2. à un ami
3. à un ami
4. à un ami
5. à un ami
6. à la mère d'un ami

B. Qu'est-ce qu'on fait ?
1. on part
2. on arrive
3. on part
4. on part
5. on arrive
6. on part

STRUCTURE II

A. Singulier ou pluriel ?
1. un groupe
2. un groupe
3. un individu
4. un groupe
5. un groupe
6. un groupe

B. Formel ou familier ?
1. familier (à un ami)
2. formel (à un individu avec qui on est moins intime)
3. familier
4. familier
5. familier
6. formel

CHAPITRE 2

Passage vers la communication
Perspectives interculturelles

INTERACTION

AUTREMENT DIT

A. Spécialités régionales.
1. le couscous
2. la carbonade flamande
3. la côte de veau à la crème
4. la choucroute garnie
5. le couscous

B. Content ou mécontent ?
1. mécontente
2. contente
3. mécontente
4. mécontente
5. contente
6. contente
7. mécontente

STRUCTURE III

A. Claude ou Claude ?
1. leur neveu
2. la fille
3. leur neveu
4. la fille
5. leur neveu

STRUCTURE IV

A. Avez-vous compris ?

1. L'adresse n'est pas correcte.
2. Ce n'est plus mon camarade de chambre.
3. Marie sort exclusivement avec Marc.
4. C'est mon meilleur ami.
5. Elle n'a pas de chance.
6. Cette voiture est à moi.

CHAPITRE 3

Accès à la formation de l'esprit
L'enseignement

INTERACTION

AUTREMENT DIT

A. **Les études.** Écoutez la question et indiquez la réponse logique.
1. Je me spécialise en sciences politiques.
2. Je suis en deuxième année.
3. Je suis trois cours de langues et un cours de litérature.
4. Non, il est obligatoire.
5. C'est ça. Je me suis fait coller.
6. J'ai séché le cours.

CHAPITRE 4

Perspectives sur l'exil
L'immigration et l'assimilation

INTERACTION

AUTREMENT DIT

A. Les problèmes sociaux.
1. la toxicomanie
2. l'agression
3. le racisme
4. l'ivresse au volant
5. l'alcoolisme
6. la pollution
7. la pauvreté
8. le chômage

CHAPITRE 5

Révélations audiovisuelles
Les médias et les valeurs

PRONONCIATION

Pratique

A. Anglais ou français ?
1. anglais
2. français
3. français
4. anglais
5. anglais
6. français

B. Quelle voyelle ?
1. /u/
2. /y/
3. /y/
4. /u/
5. /y/
6. /u/

INTERACTION

AUTREMENT DIT

A. Allons au cinéma.
1. Je veux bien.
2. C'est en version originale ?
3. C'est un film à ne pas manquer.
4. Je ne sais pas, mais... il y a une réduction le jeudi soir.
5. Non, je suis désolé.

STRUCTURE I

A. Quel temps ?
1. passé composé
2. passé composé
3. imparfait
4. imparfait
5. passé composé
6. imparfait
7. passé composé
8. imparfait
9. passé composé
10. imparfait
11. plus-que-parfait
12. plus-que-parfait

CHAPITRE 6

Comment peut-on être français ?
Clés de l'identité

PRONONCIATION

Pratique

A. Anglais ou français ?
1. anglais
2. français
3. français
4. anglais
5. anglais
6. français

B. /o/ ou /ɔ/ ?
1. /ɔ/
2. /o/
3. /o/
4. /ɔ/
5. /o/
6. /ɔ/

STRUCTURE III

A. Bientôt.
1. futur
2. futur antérieur
3. futur
4. futur antérieur
5. futur antérieur
6. futur

B. **Promesses.**
1. parler à ta mère
2. remplir ces formulaires
3. rentrer
4. finir l'exercice
5. finir ce mémoire
6. passer notre dernier examen final

STRUCTURE V

A. **Suggestions ou hypothèses ?**
1. une suggestion
2. une hypothèse
3. une suggestion
4. une hypothèse
5. une suggestion

B. **Des conditions.**
1. Si seulement mes valises étaient moins lourdes.
2. Si tu restais en France, on pourrait visiter les Alpes.
3. Si nous avions plus de temps, nous ferions une excursion en Corse.
4. Vous auriez plus de temps libre si vous regardiez moins la télé.
5. Si vous visitez cette ville, téléphonez-nous !
6. Tu verras mieux si tu mets tes lunettes de soleil.

CHAPITRE 7

Regards sur la société
La diversité culturelle de la France

PRONONCIATION

Pratique

A. Anglais ou français ?
1. français
2. anglais
3. français
4. anglais
5. français
6. français

AUTREMENT DIT

A. Réponses.
1. Oui. Continuez tout droit.
2. Je m'excuse.
3. C'est tout près.
4. Ce n'est pas grave.

CHAPITRE 8

Le travail et les loisirs
Entrées dans le monde du travail

PRONONCIATION

Pratique

A. **Voyelle orale ou voyelle nasale ?**
   1. nasale
   2. nasale
   3. orale
   4. nasale
   5. nasale
   6. orale
   7. orale
   8. nasale

E. **Quelle voyelle ?**
   1. õ
   2. ɛ̃
   3. ã
   4. õ
   5. ã
   6. ɛ̃
   7. õ
   8. ɛ̃

INTERACTION

STRUCTURE II

A. Au musée.
1. voix active
2. voix passive
3. voix passive
4. voix active
5. voix passive
6. voix passive
7. voix passive

STRUCTURE III

A. Qui le fait ?
1. une autre personne
2. une autre personne
3. elle-même
4. une autre personne
5. une autre personne
6. elle-même

CHAPITRE 9

Perspectives sur le passé
L'histoire et la mémoire

INTERACTION

AUTREMENT DIT

A. Réactions.
1. J'ai de bons rapports avec eux.
2. Tu n'aurais pas dû le lui dire.
3. C'est comment ?
4. C'est qui ?
5. C'est le jeune homme aux cheveux longs ?

B. Regrets.
1. La vie est dure.
2. Malheureusement, on n'a pas toujours ce qu'on veut dans la vie.
3. Je n'oublierai jamais.
4. Je suis désolé(e).
5. C'est vraiment bête de ne rien dire.

STRUCTURE I

A. C'est possible ?
1. conditionnel
2. passé du conditionnel
3. passé du conditionnel
4. passé du conditionnel
5. passé du conditionnel
6. conditionnel

STRUCTURE IV

A. Le réel ou l'idéal ?
1. une possibilité
2. la réalité
3. la réalité
4. une possibilité
5. la réalité

CHAPITRE 10

L'avenir de la France dans l'Europe
Frontières ouvertes

INTERACTION

AUTREMENT DIT

A. L'Union européenne.
1. vrai
2. faux
3. vrai
4. vrai

B. Exprimez-vous.
1. surprise
2. bonne humeur
3. colère
4. mauvaise humeur
5. colère
6. surprise / colère

STRUCTURE I

A. Publicités.
1. sans nous consulter !
2. à moins que vous n'aimiez ces taches d'herbe et de chocolat !
3. après avoir consulté votre dentiste !
4. avant qu'il ne soit trop tard !
5. jusqu'à ce qu'ils grandissent.
6. afin de les conserver toute votre vie !

STRUCTURE II

A. Habitudes.
1. action habituelle
2. une seule fois
3. une seule fois
4. action habituelle
5. une seule fois

STRUCTURE IV

A. Passé ou futur ?
1. s'est déjà passé
2. pourrait arriver
3. va arriver
4. s'est déjà passé
5. va arriver
6. pourrait arriver

✎ Notes!

✎ Notes!

✎ Notes!

✎ **Notes!**

✍ Notes!

✍ **Notes!**

✎ Notes!

✒ Notes!

✎ Notes!

✎ Notes!

✎ Notes!